AF557249

V&R

Jennifer Armbruster / Joachim Fugmann / Christian Rösch

Lateinische Inschriften

Entdecken – Erkunden – Entziffern

VANDENHOECK & RUPRECHT

Mit 74 Abbildungen

Bibliografische Information der Deutschen Nationalbibliothek:
Die Deutsche Nationalbibliothek verzeichnet diese Publikation in der Deutschen Nationalbibliografie; detaillierte bibliografische Daten sind im Internet über https://dnb.de abrufbar.

© 2024 Vandenhoeck & Ruprecht, Robert-Bosch-Breite 10, D-37079 Göttingen, ein Imprint der Brill-Gruppe
(Koninklijke Brill NV, Leiden, Niederlande; Brill USA Inc., Boston MA, USA; Brill Asia Pte Ltd, Singapore; Brill Deutschland GmbH, Paderborn, Deutschland; Brill Österreich GmbH, Wien, Österreich)
Koninklijke Brill NV umfasst die Imprints Brill, Brill Nijhoff, Brill Schöningh, Brill Fink, Brill mentis, Brill Wageningen Academic, Vandenhoeck & Ruprecht, Böhlau und V&R unipress.

Alle Rechte vorbehalten. Das Werk und seine Teile sind urheberrechtlich geschützt. Jede Verwertung in anderen als den gesetzlich zugelassenen Fällen bedarf der vorherigen schriftlichen Einwilligung des Verlages.

Umschlagabbildung: Adobe Stock Nr. 80383330 | The Pink Panda

Druck und Bindung: ⊕ Hubert & Co, Göttingen
Printed in the EU

Vandenhoeck & Ruprecht Verlage | www.vandenhoeck-ruprecht-verlage.com

ISBN 978-3-525-70001-3

Inhalt

Vorwort

Diese nicht systematisch angelegte Einführung in die römische Inschriftenkunde ist im ersten Teil in Form eines Reisetagebuchs geschrieben: Eine Gruppe Jugendlicher fährt nach Rom, um die Stadt kennenzulernen. Alle sind neugierig, wie die Orte, von denen sie so viel gehört und gelesen haben, in der Realität aussehen. Als Ausgangspunkt wählt die Gruppe die Piazza Venezia, wo sie links neben dem bekannten Nationalmonument für Vittorio Emanuele II., den ersten König des neu gegründeten Königreiches Italien (1861), das sonst wenig beachtete Grabmonument des Senators Gaius Poplicius Bibulus entdeckt. Ihr eigentliches Ziel ist aber die Besteigung des Kapitol-Hügels, um von dort aus einen Überblick über das Forum Romanum zu gewinnen. Oben angelangt steht die Gruppe vor der imposanten Reiterstatue eines römischen Kaisers. Alle rätseln, um wen es sich handeln könnte: Zwar geben zwei Inschriften auf beiden Seiten des Sockels Auskunft, doch erweist sich deren Entzifferung als keineswegs einfach. Gleichwohl ist das Interesse für die Texte geweckt, sodass die Gruppe beschließt, die Kapitolinischen Museen zu besuchen, um mehr über römische Inschriften zu erfahren. Auf einem Rundgang versuchen sie nun, Schritt für Schritt einzelne Inschriften zu lesen, und erlangen so allmählich grundlegende Kenntnisse für deren Entzifferung. Zu Hilfe kommt ihnen plötzlich mit Beryllus ein waschechter Römer der Antike, der mit seinen Fragen und Informationen den »Geist des Ortes« vermittelt. Jetzt ist ihr Interesse geweckt, und sie nehmen sich vor, in den folgenden Tagen die *urbs Roma* zu erkunden und dabei ihre Inschriften zu lesen. Hierbei stoßen sie immer wieder auf interessante Monumente aus verschiedenen Epochen, die alle auch eine Geschichte zu erzählen wissen.

Die Schülerinnen und Schüler im Klassenzimmer können diese Entdeckungen nacherleben, indem sie sich im ersten Teil des Buches zunächst grundlegende Kenntnisse über die römische Epigraphik aneignen (s. auch das Glossar, das mittels Mediencode [s. letzte Seite dieses Buches] online abrufbar ist) und dann im zweiten Teil in Form einer Schnitzeljagd durch Rom bekannte Inschriften kennenlernen. Die letzte Aufgabe führt dabei immer zum nächsten Monument. Sie können Punkte sammeln und so am Schluss ihrer Exkursion einen Gesamtsieger ermitteln. Es können aber auch nur einzelne Inschriften für den Unterricht herausgenommen werden. Natürlich soll diese Rallye Lust darauf machen, die Bauwerke und ihre Inschriften vor Ort zu sehen. Sie kann daher gut als Vorbereitung einer Exkursion dienen, auf welcher die behandelten Inschriften entdeckt und entziffert werden. Deshalb bieten die Aufgaben immer wieder Anregungen für Referate. Die Antworten auf alle Fragen können ebenso wie Zusatzinformationen über den Mediencode hinten im Buch abgerufen werden.

Teil I

Das Kapitol

Meine Reisegruppe:

....

....

....

....

....

....

....

Topografie

Der Mons Capitolinus (als Kurzform auch Capitolium), einer der sieben Hügel Roms, ist der zweitkleinste Hügel Roms und hatte in der Antike zwei Hügelkuppen, die durch eine Senke *(asylum)* getrennt waren. Auf der südlichen Anhöhe, dem eigentlichen Capitolium, befand sich mit dem Tempel für die kapitolinische Trias (Iuppiter, Iuno, Minerva) das wichtigste Staatsheiligtum Roms, das auch das Ziel des römischen Triumphzuges bildete. Die nördliche Anhöhe dagegen dominierte die Burg Roms *(arx)*, die letzte Zuflucht der Römer bei einem feindlichen Angriff auf die Stadt.

Abb. 1: Piazza Venezia, Denkmal Viktor Emanuel II.

Wir sind endlich in Rom angekommen und starten unsere Erkundungen auf der Piazza Venezia. Vor unseren Augen erhebt sich das imposante Denkmal für Vittorio Emanuele II., den ersten König Italiens (1861–1878). Welchen Spitznamen hat das Gebäude aufgrund seiner Form erhalten?

Im Schatten des Bauwerks wird seit mehr als 2000 Jahren auch an eine andere Person erinnert. Andiamo! Auf geht's zu unserer ersten Station, einem Grabmonument aus dem 1. Jahrhundert v. Chr.

1. Bekannt und doch unbekannt: ein Senator der Späten Republik

Abb. 2: Piazza Venezia, Grabmonument der Späten Republik (CIL VI 1319)

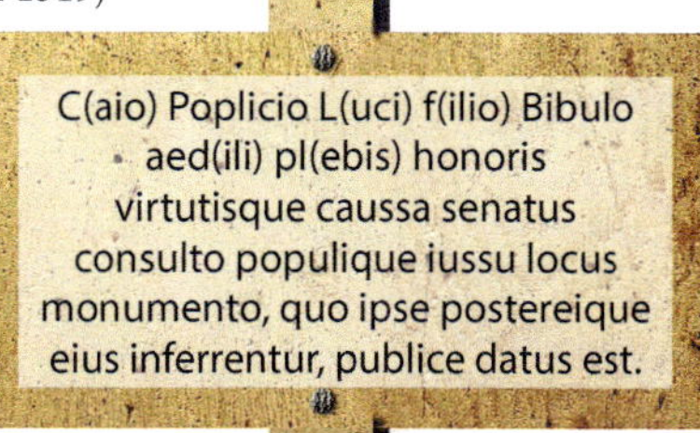

Da die Inschrift schon etwas in die Jahre gekommen ist, hilft uns eine kleine Informationstafel mit einer Umschrift, einer Transkription.

Aufgaben:

1 **Vergleichen Sie die erste Zeile der Infotafel mit dem Originaltext:**

C POPLICIO L F BIBVLO
AED PL HONORIS

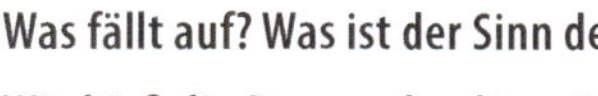

Was fällt auf? Was ist der Sinn der runden Klammern?

2 **Wie hieß die Person, der diese Grabinschrift gewidmet ist? Schauen Sie sich dazu den Infokasten 1 an und versuchen Sie, die einzelnen Namensbestandteile zu identifizieren.**

Infokasten 1

***Tria nomina* und Filiation**

Am Ende der Republik galt das System der *tria nomina:* Vorname (*praenomen,* abgekürzt) + Familienname *(nomen gentile)* + Beiname *(cognomen).* Zwischen dem Familiennamen und dem Beinamen fügte man den Vornamen des Vaters (abgekürzt) im Genitiv, gefolgt von der Abkürzung *f(ilius),* ein.

3 Finden Sie heraus, warum man einen römischen Vornamen so gut abkürzen konnte. Stellen Sie eine Liste mit den wichtigsten männlichen Vornamen zusammen.

4 Geben Sie sich selbst einen lateinischen Beinamen, der zu Ihnen passt.

Infokasten 2

Cursus honorum

Der *cursus honorum* bezeichnet die Abfolge der Ämter *(magistratus)*, die man als Quästor begann, bevor man zum Ädil, Prätor und schließlich zum Konsul aufstieg.

5 Recherchieren Sie, welche Funktion ein *aedilis* in Rom hatte.

6 Übersetzen Sie die Inschrift und notieren Sie, welches sprachliche Indiz auf eine Grabinschrift hinweist.

7 Die Inschrift gibt Auskunft über die Stifter von Grund und Boden. Erklären Sie, wer das Grabmonument errichtet haben könnte.

8 Markieren Sie, welche Wortformen nicht der Ihnen bekannten Schreibweise entsprechen. Ermitteln Sie die Ihnen bekannte Form und finden Sie eine Erklärung.

9 Für die Arbeit mit Inschriften sind Auflösungen nach dem sogenannten Leidener Klammersystem notwendig (vgl. Aufgabe 1). Prägen Sie sich deshalb folgenden Informationskasten sorgfältig ein. Weitere Auflösungen finden Sie im Glossar (s. Mediencode hinten im Buch → führt online zum Glossar).

Infokasten 3

Leidener Klammersystem

Zeichen	Bedeutung
( )	Auflösung von Abkürzungen
/	Zeilenumbruch
[ ]	Ergänzungen des Herausgebers
[[ ]]	Rasur (›Radierung, Tilgung‹) auf dem Stein
{ }	Tilgung durch den Herausgeber
< >	Zusätze und Verbesserungen des Herausgebers
Ḁ	unsichere Lesung
..5..	Lücke berechenbarer Länge
-------	Lücke unberechenbarer Länge

2. Hoch zu Ross: ein Kaiser und sein Pferd

Abb. 3: Kapitolsplatz

Auf dem Kapitol lauschen wir kurz einem Reiseführer, der einer Touristengruppe die Geschichte des Platzes, auf dem wir stehen, erzählt. Allerdings können wir durch die laute Umgebung und den Straßenlärm nicht alles verstehen. Welche Begriffe müssen ergänzt werden? Recherchieren Sie im Internet.

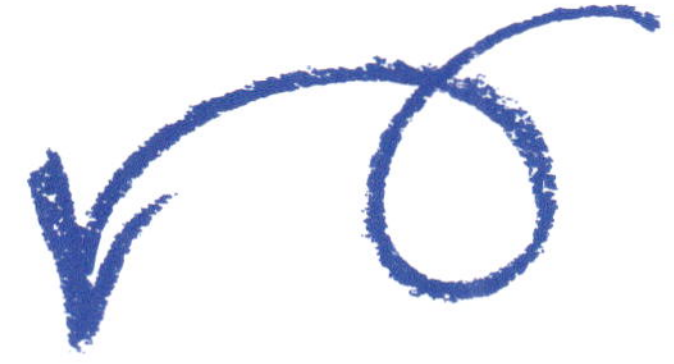

Die Piazza del Campidoglio füllt die Senke des sogenannten Asylum zwischen den beiden Hügelkuppen des Mons ____________. Die Anlage, heute aus dem ______________palast (rechts, 1. Hälfte des 16. Jh.), dem Senatorenpalast (Mitte; 2. Hälfte des 16. Jh.) und dem sog. Palazzo Nuovo (links, 17. Jh.) bestehend, geht auf den berühmten Renaissance-Architekten und Maler Michelangelo Buonarotti (1475–1564) zurück, der im Auftrag von Papst Paul III. den Platz in der ersten Hälfte des 16. Jh. gestaltete. In der Mitte befindet sich die Reiterstatue des Kaisers Marc ___________. Bis zum Beginn des 15. Jh. hatte diese als Statue des ersten christlichen Kaisers Konstantins des Großen gegolten – eine Verwechslung, die ihre Existenz durch die Wirren der Zeit gesichert hatte. Weiteres zentrales Element der Platzgestaltung im Plan Michel__________ bildet die große, auch für Pferde taugliche Freitreppe, die sogenannte Cordonata, die von der heutigen Piazza __________ auf das Kapitol führt und deren Enden durch die Statuen der Dioskuren Kastor und ___________ mit ihren Pferden (seit 1585) flankiert werden.

Bei einem Selfie vor der Reiterstatue fallen uns die ersten Worte einer Inschrift am Sockel auf. Diese geben zu erkennen, dass es sich diesmal nicht um eine antike, sondern eine jüngere, päpstliche Inschrift handelt. Doch finden wir darin einige alte Bekannte ...

Abb. 4: Reiterstatue, Sockelinschrift (rechte Seite)

aeneus, a, um = bronzen, ehern – *equester, tra, trum* = Reiter- – *evertere, everto, everti, eversum* = umstürzen – *Lateranensis basilica* = Lateranbasilika (San Giovanni in Laterano, die Kirche des Papstes in seiner Funktion als Bischof von Rom) – *decus, decoris n.* = Schmuck – *humilis, e* = niedrig, tiefer gelegen – *dicare, dico, dicavi, dicatum* = weihen

Aufgaben:

1. **Transkribieren und übersetzen Sie die Inschrift (bei den Auflösungen nach dem Leidener Klammersystem den Kasus beachten!).**
2. **Lösen Sie die Abkürzung S P Q R auf. Achten Sie auf den Kasus.**
3. **Wie wird die Abkürzung ANN SAL aufgelöst? Wählen Sie die richtige Lösung aus und bestimmen Sie anschließend das genaue Jahr.**
   - ANN(A) SAL(VA) M D XXXVIII
   - ANN(O) SAL(UTIS) M D XXXVIII
   - ANN(I) SAL(UTE) M D XXXVIII
4. **Recherchieren Sie im Internet, auf welcher italienischen Münze der Kapitolsplatz abgebildet ist. (Finden Sie diese auch in Ihrem Geldbeutel?)**

Das Original der mehr als vier Meter hohen Reiterstatue steht nicht weit von der Kopie entfernt in den Kapitolinischen Museen. Ursprünglich war die Statue vollständig vergoldet.

Abb. 5: Musei Capitolini, Konservatorenpalast

5 **Schreiben Sie eine kurze Passage über die Geschichte der Inschrift, indem Sie die Informationen nutzen, die Sie durch Ihre Übersetzung gewonnen haben.**

Auf der gegenüberliegenden Seite ist ein weiterer Text eingraviert, der eine Renaissance-Abschrift der ursprünglichen Inschrift aus der römischen Kaiserzeit ist.

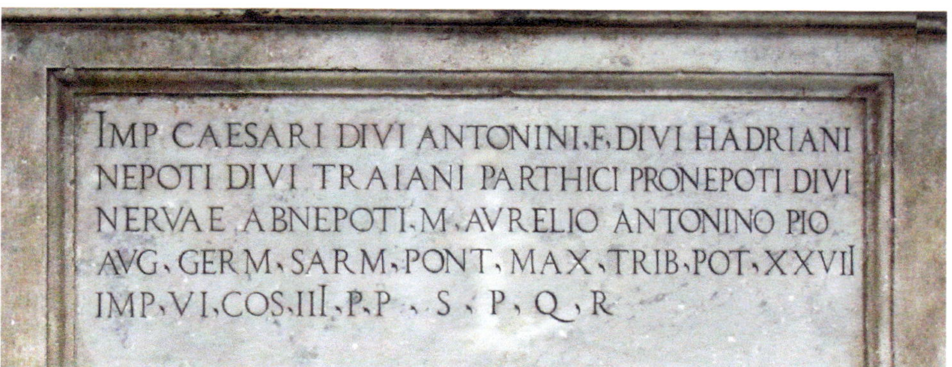

Abb. 6: Reiterstatue, Sockelinschrift (linke Seite)

6 **Nennen Sie die Abkürzungen aus der päpstlichen Inschrift, welche auch hier vorkommen. Unterstreichen und benennen Sie die verwendeten Kasus.**

7 **Schreiben Sie die ersten drei Zeilen ab. Lösen Sie die Abkürzungen nach dem gleichen Klammer-Verfahren wie in der ersten Inschrift auf und übersetzen Sie.**

8 **Ermitteln Sie die vier verschiedenen Verwandtschaftsverhältnisse.**

9 **Vergleichen Sie das System der *tria nomina* mit der Namensform des Kaisers Marcus Aurelius in Bezug auf das Prae- und Gentilnomen. Benennen Sie die Unterschiede.**

Die letzten beiden Zeilen der Inschrift lauten mit Auflösungen und Übersetzung:

Aug(usto) ... Germ(anico) Sar(matico) pont(ifici) max(imo) trib(unicia) pot(estate) XXVII / imp(eratori) VI co(n)s(uli) III p(atri) p(atriae) S(enatus) P(opulusque) R(omanus)

Dem (Marcus Aurelius Antoninus Pius) Augustus Germanicus Sarmaticus, dem staatlichen Oberpriester, dem Inhaber der tribunizischen Gewalt zum 27. Mal, dem Imperator (= Feldherrn) zum 6. Mal, dem Konsul zum 3. Mal, dem Vater des Vaterlandes, (hat) der Senat und das Volk von Rom (dieses Monument errichtet).

10 Markieren Sie in der Inschrift die Abkürzungen IMP. Nennen Sie die zwei (unterschiedlichen!) Bedeutungen von »Imperator«. Erklären Sie die Bedeutung der Zahlen.

11 Benennen Sie die Ehrentitel und Ämter des Marc Aurel. Fertigen Sie eine Aufstellung an und klären Sie deren Bedeutung mit Hilfe des Infokastens.

Infokasten 4

Tribunicia potestas

Seit Augustus verfügten die Kaiser über die *tribunicia potestas*, d. h. die wesentlichen Rechte eines Volkstribuns *(tribunus plebis)* der Republik. Da die Vollmacht meistens jährlich verlängert wurde, etablierte sich die *tribunicia potestas* für die Datierung der Regierungszeit jedes Kaisers als wichtigste Zählung (zum Detail siehe Glossar).

3. Auf die Insel: ein Ehrenmonument für den Kaiser

Das Thermometer an der Außenseite des Konservatorenpalasts, heute ein Gebäude der Kapitolinischen Museen, ist mittlerweile auf mehr als 30 °C geklettert. Deshalb betreten wir schleunigst das Museum und befinden uns in einem kühlen Innenhof mit interessanten Exponaten. An der Wand entdecken wir diese Tafel, von der ein großes Fragment erhalten ist.

Abb. 7: Musei Capitolini, Konservatorenpalast (Innenhof)

Aufgaben:

1 **Führen Sie mögliche Gründe an, weshalb die Inschrift unvollständig ist. Schreiben Sie die Wörter, die Sie glauben ergänzen zu können, im Nominativ Singular weiter.**

2 **Bei genauem Hinsehen kann man Löcher im tief eingemeißelten Text erkennen, die auf eingesetzte Buchstaben hindeuten. Informieren Sie sich über dieses Verfahren und ziehen Sie daraus Rückschlüsse auf das einstige Aussehen der Inschrift.**

3 **Der verwendete Schrifttyp wird als *Scriptura capitalis quadrata* bezeichnet und findet sich aufgrund seiner Form häufig bei monumentalen Inschriften. Erklären Sie, worauf sich diese Bezeichnung zurückführen lässt. Zeichnen Sie die Buchstaben A, N, O und R im Stil der *Scriptura capitalis quadrata* in die Kästchen ein.**

Als wir rätseln, wo die Inschrift gestanden haben könnte und ob man diese Information der Inschrift selbst entnehmen kann, kommt der Museumskurator zu uns, weil er das Gespräch mitgehört hat. Er zeigt uns diese zwei Münzen aus einer Sammlung, die einen wichtigen Hinweis zur Anbringung liefern:

Abb. 8: Aureus, 46–47 n. Chr.

Er berichtet auch, dass Kaiser Claudius (41–54) im Jahre 43 n. Chr. einen Britannienfeldzug unternahm, bei dem er viele Stämme der Britannier besiegte. Sein Sieg wurde jedoch erst einige Jahre später (51/52) durch einen eintorigen, heute nicht mehr erhaltenen Triumphbogen auf Beschluss des Senats und Volkes von Rom verewigt. Dieser überspannte als Teil der Wasserleitung Aqua Virgo die damalige Via Lata, die heutige Via del Corso. Mithilfe weiterer Fundstücke hat der Kurator die Inschrift folgendermaßen ergänzt. Da seine Lateinkenntnisse mittlerweile aber etwas eingerostet sind, bittet er uns um Hilfe bei den Kasusendungen.

4 **Ergänzen Sie die passenden Endungen in allen Lücken! Beachten Sie, dass es sich dabei um eine Widmungsinschrift handelt.**

Ti(beri__) Claudi__ Drus__ f(ili__) Caisar__ / August__ Germanic__ / pontific(__) maxim(__) trib(unicia) pot(estate) XI / co(n)s(ul__) V, imp(erator__) XXII, cens(or__), patri patriai / senatus populusque Romanus quod / reges Britannorum XI devictos sine / ulla iactura in deditionem acceperit / gentesque barbaras trans Oceanum / sitas primus in dicionem populi Romani redegerit.

5 **Überprüfen Sie Ihre Lösung am Beispiel der Marc-Aurel-Inschrift (zweite Inschrift).**

6 **Was fällt bei der Schreibweise von *Caisari* und *patriai* auf? Erklären Sie, welche Hinweise diese Tatsache für die Aussprache der beiden Wörter liefert.**

4. Hühner für den Kaiser: eine Ehrung für den Kronprinzen

Nach dem anstrengenden Vormittag suchen wir ein schattiges Plätzchen auf dem Kapitolsplatz und gönnen uns eine kleine Pause. Aber welches typisch italienische Getränk darf dabei nach dem Mittagessen auf keinen Fall fehlen? Natürlich *il caffè*.
Und jetzt: Buon riposo!

Bevor wir unseren Streifzug auf dem Kapitol fortsetzen, lassen wir kurz den Vormittag Revue passieren: Wo waren wir und wem sind wir begegnet? Wir tragen dazu die Namen der historischen Persönlichkeiten, denen die Inschriften gewidmet waren, sowie die Inschriftentypen an den entsprechenden Positionen auf der Karte ein.

Abb. 9: Blick auf das Kapitol (Google Maps)

❶ ....

❷ ....

❸ ....

Wieder im Inneren der Kapitolinischen Museen angelangt, stellen wir fest, dass eine bekannte Inschrift durch einen Schatten nur teilweise lesbar ist. Mit unserem bisherigen Wissen können wir dennoch herausfinden, wem die Inschrift gewidmet ist. (Tipp: Nutzen Sie die Kaisertabelle als Hilfestellung!)

96–98	Imperator **Nerva** Caesar Augustus Germanicus
98–117	Imperator Caesar Nerva **Traianus** Germanicus
117–138	Imperator Caesar Traianus **Hadrianus** Augustus
138–161	Imperator Caesar Titus Aelius Hadrianus **Antoninus Pius**
161–180	Imperator Caesar **Marcus Aurelius** Antoninus Augustus

Abb. 10: Ehreninschrift für einen Kaiser; Abb. 11–14 (unten): Porträts römischer Kaiser

Die Person, um die es hier geht, kennen Sie bereits aus einer anderen Inschrift. Aber erkennen Sie den gesuchten Kaiser auch wieder? Können Sie das richtige Porträt identifizieren?

Aufgaben:

1 **In den ersten acht Zeilen der Inschrift kommen Formen im Nominativ, Genitiv, Dativ und Ablativ vor. Markieren Sie die Formen im Nominativ und Dativ mit unterschiedlichen Farben und bestimmen Sie die jeweilige Funktion.**

2 **Machen Sie eine Umschrift der ersten acht Zeilen nach dem Leidener Klammersystem und versuchen Sie sich an einer Übersetzung (Hilfe: Orientierung bietet Inschrift Nr. 2).**

3 **Finden Sie heraus, in welchem Verhältnis Marcus Aurelius und Antoninus Pius zueinander standen und begründen Sie Ihre Entscheidung anhand des Inschriftentextes.**

4 **Vergleichen Sie die Titulaturen der beiden Kaiser hinsichtlich der einzelnen Bestandteile. Ermitteln Sie die einzelnen Elemente der Kaisertitulatur des Antoninus Pius.**

5 **Bei der Inschrift handelt es sich um den Sockel eines Monuments: Was könnte auf dem Sockel gestanden haben?**

6 **Geben Sie an, um welchen Typ von Inschrift es sich hier handelt. Lesen Sie hierzu den Infokasten 5 und das Online-Glossar.**

Infokasten 5

Inschriftenklassen

Bei den Inschriften werden vier große Klassen unterschieden:

1. Grabinschriften *(tituli sepulcrales)*
2. Ehreninschriften *(tituli honorarii)*
3. Weihinschriften *(tituli sacri)*
4. Bauinschriften *(tituli operis publici et privati, miliaria, termini)*

7 **Die vorletzte Zeile nennt die Stifter der Inschrift. Inwiefern kann man diesen Sachverhalt auch am Schriftbild erkennen? Erschließen Sie die Aufgaben der *pullari(i),* die als staatliches Personal in Zehnereinheiten *(decuriae)* organisiert waren, mit Hilfe der folgenden, mehrfach überlieferten Anekdote.**

Als Publius Claudius Pulcher im Ersten Punischen Krieg vor einer Seeschlacht stand, erklärte ihm der Hühnerwächter *(pullarius)*, die heiligen Hühner wollten nicht fressen, eine Tatsache, die als schlechtes Omen für den weiteren Kriegsverlauf angesehen wurde. Da ließ Claudius sie mit den Worten ins Meer werfen: »Sie sollen trinken, wenn sie nicht essen wollen!« Er verlor aber die Schlacht und wurde später wegen Gottlosigkeit angeklagt.

Die letzte Zeile ist folgendermaßen aufzulösen: *et h(onore) u(si).* Gemeint sind Personen, die ehrenhalber (*honor* = Ehre, Amt; *uti* = genießen) Mitglieder im Verein der Hühnerwächter waren.

8 **Erörtern Sie abschließend die Frage, wie heute bedeutende Personen geehrt werden.**

5. Soziale Mobilität: vom Sklaven zum Freigelassenen

Bei den vergangenen Stationen ist uns bereits aufgefallen, dass sich eine Inschrift oft durch einen »lapidaren« (von *lapis* = Stein), d. h. einen verkürzten Stil auszeichnet. Auch in Grabinschriften finden sich daher oft Abkürzungen, wie zum Beispiel *D M* auf diesem sorgfältig gearbeiteten Grabaltar aus der Kaiserzeit, dessen Inschriftenfeld von korinthischen Säulen eingerahmt wird. Die Urne war ursprünglich unter der Deckplatte in den Altar eingelassen.

Abb. 15: Grabaltar, Kaiserzeit (CIL VI 14150)

Doch weshalb kürzten die Römer so viele Formulierungen ab? Waren sie etwa zu faul, um die Buchstaben einzumeißeln? Während wir über die Gründe rätseln, sind seltsame Geräusche in einer Ecke des Raumes zu hören und die tiefe Stimme eines jungen Mannes sagt: »*Salvete! Propter pecuniam.*« Aus dem Schatten löst sich eine Gestalt, die unverkennbar mit einer römischen Tunika bekleidet ist und uns mit einem lässigen Grinsen anblickt. Uns verschlägt der Anblick im ersten Moment die Sprache, aber dann wollen wir unbedingt wissen, wer da vor uns steht. Welche Frage müssen wir stellen, damit er uns versteht? *Qui tu es?* *Quis tu es?* *Quo tu es?*

Aufmerksam lauschen wir seiner Antwort: »*Mihi nomen est Gaius Calpurnius Beryllus et vobis sepulcrum meum monstrare volo. Divo Traiano optimo principe vita ereptus per multos annos in hac domo ambulo. Ecce! Potestisne cognoscere, quot annos natus sim?*« Beryllus – ein waschechter Römer! Wir können es kaum fassen! Von ihm erfahren wir auch, dass sein Name nicht allzu ungewöhnlich war, denn viele seiner Bekannten hatten Namen, die von Edelsteinen abgeleitet wurden: *Amethystus, Beryllus* oder *Smaragdus.* Doch um sicherzustellen, dass wir für das Erkunden von Inschriften ausreichend vorbereitet sind, fragt er uns einige gängige Formulierungen ab.

Aufgaben:

1 **Verbinden Sie die Abkürzungen in der linken Spalte mit der richtigen Übersetzung der rechten Spalte und erklären Sie, welche Bedeutung hinter den einzelnen Abkürzungen steckt.**

D M (=Dis Manibus)	Hier liegt bestattet.
V ANN (=vixit annos/annis)	dem Testament gemäß
DEF ANN (=defunctus/a annis)	Dieses Grab wird an keinen Erben übergehen.
H S E (=Hic situs/a est)	verstorben mit … Jahren
E X T (=Ex testamento)	Er/Sie hat … Jahre gelebt.
H M H N S (=Hoc monumentum heredem non sequetur)	Die Erde möge für dich leicht sein!
S T T L (=Sit tibi terra levis)	den Manen/Totengöttern

2 **Erstellen Sie eine Umschrift der Inschrift nach dem Leidener Klammersystem.**

3 **Geben Sie an, welcher Bestandteil hier in der vollen Namensangabe fehlt.**

4 **Statt der üblichen Filiationsangabe findet sich hier die Angabe C LIB (s. Infokasten 6). Erläutern Sie diese Abweichung.**

5 **Begründen Sie, ob das *hic* in der Inschrift mit einem langen oder kurzen Vokal gesprochen wurde.**

6 **Fertigen Sie eine Übersetzung der Inschrift an.**

7 **Beschreiben Sie, welche Szene unter der Inschrift dargestellt sein könnte.**

Infokasten 6

Liberti/ae

Sklaven konnten durch eine sogenannte *manumissio* freigelassen werden und wurden danach als *libertus/a* bezeichnet. Mit der Freilassung übernahmen sie meist das *praenomen* und *nomen gentile* des bisherigen Herrn, während der Sklavenname als *cognomen* weitergeführt wurde.

6. Getreide für die Großstadt: der Tod eines Kaufmanns

»*Vobis meam vitam narrare et urbem Romam ostendere possum. Vultisne?*« Als Beryllus uns durch die Gänge der Kapitolinischen Museen führt, bleibt er plötzlich bei einer Steintafel mit großen Buchstaben stehen und fragt, welche Gemeinsamkeit diese Person mit ihm habe.

Abb. 16: Grabinschrift, Späte Republik

Aufgaben:

1 **Fertigen Sie eine Transkription und Übersetzung der ersten vier Zeilen nach dem Leidener Klammersystem an. Begründen Sie, um welchen Inschriftentyp es sich hier handelt.**

2 **Als *libertus* war der Verstorbene ursprünglich Sklave gewesen, der jedoch von seinem Herrn *(patronus)* die Freilassung erhalten hatte. Zeigen Sie, inwiefern sich dies in der Form seines Namens widerspiegelt. Gehen Sie auch darauf ein, wie der Patron mit Familiennamen geheißen haben könnte. Recherchieren Sie zur Bedeutung des *cognomen.***

3 **Erklären Sie, welchen Beruf ein *frumentarius* (von *frumentum*) ausübte und welche (soziale) Bedeutung dieser Berufszweig für die Großstadt Rom hatte.**

4 **Die letzten beiden Zeilen sind wie folgt zu lesen bzw. zu übersetzen:**

prid(ie) Non(as) Quinct(iles)
Cn(aeo) Pompeio co(n)s(ule) tert(ium)

… am Tage vor den Nonen des Quinctilis, als Gnaeus Pompeius zum dritten Mal Konsul war.

Geben Sie an, aus welchen beiden Elementen die Datierung besteht. Lesen Sie hierzu den Infokasten 7 zur Monats- und Jahresdatierung.

5 a) **Nennen Sie die heutige Bezeichnung des Monats *Quinctilis* (ursprünglich der fünfte Monat), wie sie seit Caesar üblich ist.**

b) **Erklären Sie die modernen Namen für August bis Dezember.**

c) **Rechnen Sie das Todesdatum in die moderne Datierung um.**

d) **Beschreiben Sie, was bei der Jahresdatierung auffällt.**

Infokasten 7

Kalender: Bis zum Jahr 153 v. Chr. begann das röm. Jahr im März und endete mit dem Februar des Folgejahres. Der heutige Kalender geht im Wesentlichen auf die Kalenderreform Caesars im Jahr 46 v. Chr. zurück.
Monatsdatierung: Die Tage des römischen Monats wurden mittels dreier Fixtage bestimmt: den *Kalendae* (= 1. Tag), den *Nonae* (5.), den *Idus* (13.). Im März, Mai, Juli und Oktober fielen die Nonen und Iden allerdings auf den 7. bzw. 15. März. Anfangs- und Endtag eines Monats wurde jeweils mitgezählt.
Jahresdatierung: Das Jahr wurde nach den beiden Konsuln benannt, die seit 153 v. Chr. jeweils am 1. Januar ihr Amt antraten. Dadurch können Inschriften mit Verweisen auf die Konsuln datiert werden.

6 **Bestimmen Sie, ausgehend von der Kalenderreform Caesars, das moderne Datum. (Tipp: 30 Tage hatten der Juni und der November, 31 Tage der *Quinctilis* und der *Sextilis*.)**

a) **Tag vor den Iden des Juni:**

b) **V. Tag vor den Nonen des November:**

c) **VI. Tag vor den Kalenden des *Quinctilis*:**

d) **III. Tag vor den Iden des *Sextilis*:**

7 **Bestimmen Sie das *römische* Datum …**

a) **… des heutigen Tages:**

b) **… Ihres Geburtstags:**

7. Ein früher Tod: Liebe und Trauer um den Sohn

Weil wir unbedingt mehr über das Leben des Beryllus erfahren möchten, führt er uns zunächst zu einem Grabaltar, auf dem die Büste eines Jungen angebracht ist. Beryllus erzählt: »*Hic puer in Fabia tribu inscriptus vicinus et amicus meus erat, cum mortem immaturam obiit. Ei nomen Publius Albius Memor erat.*« Er ist etwas irritiert, dass wir den Begriff »Tribus« nicht kennen – aber der Infokasten 8 hilft uns dabei, das System zu durchschauen. Dann wischt er sich eine kleine Träne aus dem Auge und liest uns die Inschrift vor:

Abb. 17: Grabaltar, Kaiserzeit

Dis Manibus P(ublii) Albi(i) P(ublii) f(ilii) Fab(ia tribu) Memoris vix(it) ann(os) quinque m(enses) sex d(ies) sex. P(ublius) Albius Threptus et Albia Apollonia parentes filio dulcissimo.

War der junge Freund des Beryllus vier, fünf oder sechs Jahre alt, als er starb?

Infokasten 8

Tribus

Jeder römische Vollbürger musste in einer sogenannten *Tribus* (Bezirk, Volksabteilung) eingeschrieben sein. Es gab insgesamt 35, vier städtische *(tribus urbanae)* und 31 ländliche *(tribus rusticae)*. Die Tribus bildeten in der Späten Republik vor allem die Grundlage für den Zensus und die Teilnahme an den Wahlen in Rom. *tribu* heißt also »aus der Tribus …« und wird in Inschriften meist weggelassen.

Aufgaben:

1. **Vergleichen Sie die Angabe der Lebensdauer des Kindes mit den heutigen Konventionen eines Grabsteines. Worin unterscheiden sich die antike und moderne Praxis?**
2. **Fertigen Sie eine Übersetzung der Inschrift an und beachten Sie dabei den Genitiv in der Namensangabe des früh verstorbenen Jungen.**
3. **Erklären Sie, weshalb beide Elternteile denselben Familiennamen tragen und warum die Tribusangabe fehlen könnte.**
4. **Der Junge trägt um den Hals eine Kapsel, eine sogenannte *bulla*. Recherchieren Sie, welche Funktion sie hatte und warum sie sowohl das Lebensalter als auch die Stellung des Jungen symbolisieren sollte.**

8. Im Dienste der Kaiserin: eine Stylistin und ihr Ehemann

Zu einer weiteren Inschrift erzählt Beryllus uns eine der bekanntesten Geschichten seiner Zeit, die damals jedes Kind kannte. Bringen Sie die Abschnitte in die richtige Reihenfolge. (Hinweis: *Capreae* f. pl. = die Insel Capri)

Abb. 18: Grabinschrift, Kaiserzeit

Aufgaben

1 **Beschreiben Sie, welche Gestaltungsprinzipien in der Anordnung der Zeilen zu erkennen sind. Wo ist Ihnen das schon einmal begegnet?**

2 **Entnehmen Sie der Inschrift 1) den Geburtsort der Dorcas, 2) ihren Beruf und 3) den Namen und Beruf ihres Ehemanns.**

3 **Recherchieren Sie im Internet die Bedeutung von *verna* und die Person, die sich hinter dem Namen Iulia Augusta verbirgt.**

4 **Beurteilen Sie, ob die Verstorbene das römische Bürgerrecht besessen hat. Wenn ja, warum könnte Dorcas auf die *tria nomina* verzichtet haben?**

5 **Beurteilen Sie abschließend die soziale Stellung der Eheleute in der Gesellschaft ihrer Zeit.**

6 **Fertigen Sie eine Transkription nach dem Leidener Klammersystem an und übersetzen Sie die Inschrift. (*Iuno, Iunonis* = Iuno [statt der kaiserzeitlichen Grabformel *Dis Manibus*]; *Dorcas, Dorcadis* ist ein Eigenname)**

9. Für den Gott der Felder, Wiesen und Wälder: eine unbekannte Weihegabe

Wir schlendern durch die Galleria Lapidaria, die beide Teile der Kapitolinischen Museen unterirdisch verbindet, und machen Halt bei einer *tabula ansata,* um uns nach den zahlreichen Grabinschriften nochmals mit einer besonderen Weihinschrift zu beschäftigen:

Abb. 19: Weihinschrift, Galleria Lapidaria

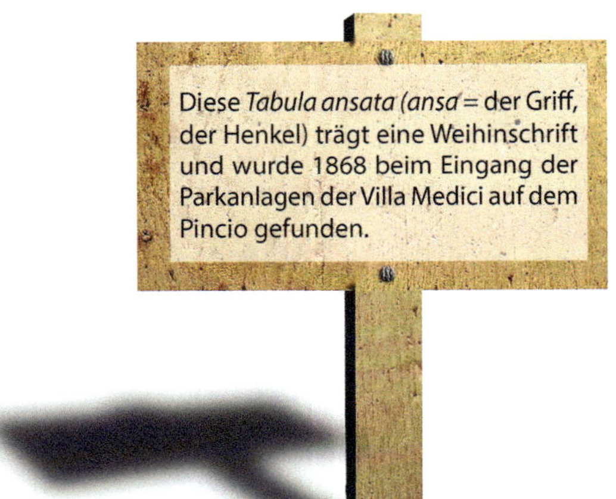

Der heiße und anstrengende Nachmittag neigt sich bereits dem Ende zu, und der Hunger macht sich allmählich bemerkbar: Als einige den Begriff *ansata* vernehmen, horchen sie auf und fragen interessiert: »Insalata? Gibt es hier etwas zu essen?« Aber eine Informationstafel schafft das Missverständnis aus der Welt.
Auch interessant: Die berühmte Freiheitsstatue in New York hält eine *Tabula ansata* in ihrer linken Hand. Darauf ist das Datum der amerikanischen Unabhängigkeitserklärung verewigt.

Aufgaben:

1 Recherchieren Sie im Internet den bei *Glabrio* fehlenden Namensteil und informieren Sie sich über die Lage des Grundbesitzes dieser Familie in der Kaiserzeit.

2 Geben Sie an, welches Wort diese Inschrift eindeutig als Weihinschrift klassifiziert. Lernen Sie die wichtigsten Abkürzungen bei Weihinschriften und ihre Übersetzung (siehe auch das Online-Glossar).

Infokasten 9

Abkürzungen

IN H D D	in honorem domus divinae
D	dat/dedit
D D	dono dat/dedit
P	posuit
F/FAC C/CVR	faciendum curavit
V S	votum solvit
V S L M	votum solvit libens merito
V S L L M	votum solvit libens laetus merito

3 Nennen Sie das Substantiv, von dem der Name der hier verehrten Gottheit abgeleitet ist. Erklären Sie, inwiefern hier also Dedikant und Gottheit zueinander passen.

4 Überlegen Sie sich, zu welchem Objekt eine solche kleine Inschriftentafel gehört haben könnte.

5 Fertigen Sie nun eine Transkription nach dem Leidener Klammersystem an und übersetzen Sie die Inschrift. Beachten Sie auch die beiden Buchstaben auf der linken beziehungsweise rechten Seite der Inschrift.

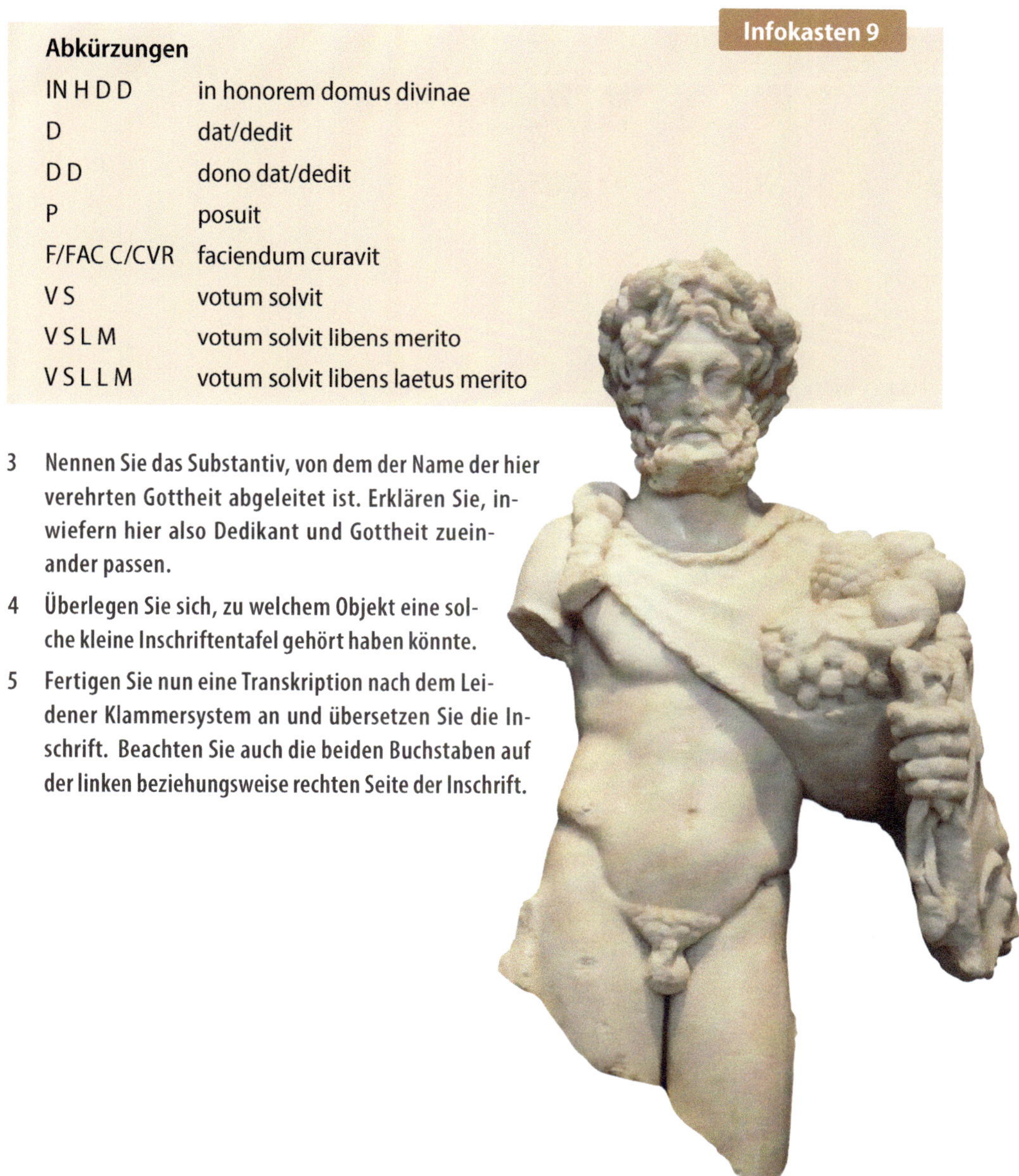

Abb. 20: Gott der Felder, Wiesen und Wälder

10. R I P: eine Urne und ihre Geschichte

Ein Schwall heißer Luft trifft uns, als sich plötzlich rechts ein schmaler Gang in der Mitte des unterirdischen Korridors öffnet, der in das Tabularium führt. An dessen Ende können wir die ersten Monumente des Forum Romanum erkennen, doch die drückende Abendluft lässt uns zunächst in dem dunklen Durchgang verweilen. Mit dem Luftzug beschleicht uns ein ungutes Gefühl, und trotz der Hitze frösteln wir ein wenig. In der Dunkelheit des Korridors scheint ein Marmorblock trotz seiner unscheinbaren Gestaltung geradezu zu leuchten, und wir nähern uns vorsichtig. Zeile für Zeile entziffern wir die schlichte Inschrift:

Abb. 21: Urne, Tabularium

OSSA
AGRIPPINAE M(ARCI) AGRIPPA**X [X]**
DIVI AVG(VSTI) NEPTIS VXORIS
GERMANICI CAESARIS
MATRIS C(AI) CAESARIS AVG(VSTI)
GERMANICI PRINCIPIS

In der zweiten Zeile sind wir aber mit unserer Lesung von *Agrippa* nicht zufrieden. Denn die Folgezeile macht uns klar, dass auch am Ende dieser Zeile eine Verwandtschaftsbezeichnung gestanden haben muss.

Plötzlich dringt jedoch wie ein sanftes Rauschen ein verbittertes Gemurmel zu uns vor: *non abnuo, quin cuncta infelicis domus mala patefiant ... non abnuo ... non abnuo, quin cuncta ...* Panik überkommt uns: ein Fluch! Die Stimme spricht von einem Fluch, der ihre Familie bedroht. Für das Verständnis dieser mysteriösen Aussage und der gesamten Inschrift benötigen wir einige Informationen.

Aufgaben:

1. Recherchieren Sie deshalb in Gruppen jeweils eines der folgenden Themen im Internet und tragen Sie Ihre Ergebnisse in einem 10-minütigen Kurzvortrag vor:
   a) die Funktion des Tabularium in Rom;
   b) das wechselvolle Schicksal von Agrippina, der Tochter des Marcus (Vipsanius) Agrippa;
   c) die Bedingungen, unter denen ein Kaiser den Status eines *divus* erhielt;
   d) die Abfolge der Kaiser des julisch-claudischen Kaiserhauses.
2. Rekonstruieren Sie aus der dritten Zeile, welche Verwandtschaftsbezeichnung am Ende der zweiten Zeile gestanden haben muss, und fertigen Sie eine korrekte Transkription dieser Zeile mittels der Infokästen 1 und 3 an.
3. Erklären Sie nun möglichst viele Angaben auf dem Grabstein und übersetzen Sie diese.
4. Recherchieren Sie den ursprünglichen Standort des Grabsteins und tragen Sie diesen in Ihre Rom-Karte ein.

Abb. 22: Blick auf das Marsfeld (Google Maps)

11. Da werden Sie geholfen: Werbung auf Stein

Auf dem Rückweg erhaschen wir noch einmal einen Blick auf die Ruinen des Forum Romanum. Auf der rechten Seite zeugen ein paar wenige Säulen von der einstigen Größe der Tempel für Vespasian und Titus sowie für Saturn. Links befindet sich der Bogen des Septimius Severus. Im Hintergrund ist der Palatin, einer der sieben Hügel Roms, zu erkennen, auf dem die Residenzen der Kaiser errichtet wurden. Über das Forum führte die wohl bekannteste Straße in ganz Rom hinauf zum Kapitol: die Sacra Via. Hier reihten sich die Geschäfte von Handwerkern, Verkaufsstände und öffentliche Gebäude nahtlos aneinander, und es lässt sich gut erahnen, wie Senatoren und Feldherren beim Triumph über das Pflaster dieser Straße schritten.

Abb. 23: Forum Romanum

Und damals wie heute wurden die Shoppingmeilen durch einen ganz besonderen Blickfang geprägt: Werbung! Wie das in der Antike ausgesehen hat, können wir durch eine bilinguale Inschrift nachvollziehen, die einen Steinmetz-Betrieb sowohl in griechischer als auch in lateinischer Sprache beworben hat.

Abb. 24: Werbung einer Werkstatt

Aufgaben:

1 Fertigen Sie eine Transkription des lateinischen Textteils nach dem Leidener Klammersystem an. Beachten Sie dabei:

a) Q = C

b) Ein Buchstabe ist in der zweiten Zeile überflüssig und daher in geschweifte Klammern zu setzen.

2 Diskutieren Sie, weshalb die beiden ersten Zeilen so groß geschrieben sind und wo die Inschrift mit Blick auf die erste Zeile angebracht gewesen sein könnte.

3 Die dritte und vierte Zeile enthalten zwei zentrale Arbeitsschritte bei der Anfertigung von Inschriften *(tituli)*. Finden Sie heraus, wie *ordinare* und *insculpere* zu verstehen sind.

4 Beschreiben Sie, welche orthographischen Besonderheiten und Verstöße gegen die Regelgrammatik in den drei letzten Zeilen auffällig sind.

5 Diese Fehler verwundern mit Blick auf die Herkunft der Inschrift. Vergleichen Sie damit die heutige Werbesprache und diskutieren Sie mögliche Gründe.

Deutschlands meiste Kreditkarte

unkaputtbar

Da werden Sie geholfen!

DAS KÖNIG DER BIERE

12. Eine steile Karriere: vom Masseur zum Flottenpräfekten

Beryllus führt uns, ehe er sich zu seinem abendlichen Museumsrundgang verabschiedet, zum Grabaltar seines großen Idols: Xanthus. Jener war – wie er auch – ein Sklave, dem jedoch ein beachtlicher Karrieresprung gelang.

Abb. 25: Grabaltar, Kaiserzeit

Aufgaben:

Schreiben Sie einen kleinen Text, in dem Sie den Aufstieg des Xanthus darstellen. Beantworten Sie dabei folgende Fragen, indem Sie die unten stehenden Informationen aus der Internetrecherche unserer Reisegruppe verwenden:

1 **Wann ungefähr lebte Xanthus?**
2 **Wie alt wurde er?**
3 **Mit wem war er verheiratet?**
4 **Inwiefern änderte sich sein Status im Verlauf seines Lebens?**
5 **Welche Rolle spielten die in der Inschrift genannten Kaiser?**
6 **Wer waren seine Erben?**

Nach seinem Tod wurde Kaiser Claudius (41–54 n. Chr.) anders als Tiberius unter die Götter aufgenommen. Seitdem trug er den Beinamen *divus* (= der Vergöttlichte).

Die Leitung der Flotten lag bei den Präfekten, denen Unterpräfekte zugeordnet waren. Sie hatten die Aufgabe, die Macht der Römer um das Mittelmeer und auf den großen Flüssen zu gewährleisten. Es gab Stützpunkte in Italien, Britannien, Germanien, Moesien, Pannonien, Pontus, Syrien und Alexandria.

Das lateinische Wort *tractare* bedeutet: »betasten, berühren« Ein *tractator* ist also ein »Masseur«.

Sklavinnen und Sklaven wurden oft nach ihrer Herkunft benannt. So existieren die Namen Afra, Syrus oder Lydia.

Xanthos war eine Stadt und ein Fluss im kleinasiatischen Lykien, der heutigen Südwesttürkei.

Freigelassene hatten zur Zeit Neros (54–68 n. Chr.) auch Zugang zu den höheren Rängen der römischen Flotte. So berichtet der Schriftsteller Tacitus (ann. 14, 3) von dem *libertus* Anicetus, der vom Erzieher Neros zum Kommandaten der Flotte von Misenum aufstieg.

Ein freigelassener Sklave wurde nach seiner Freilassung als *libertus* bezeichnet. Der Sklave stand weiterhin in einem Abhängigkeitsverhältnis zu seinem früheren Herrn *(patronus)*.

13. Bitte um Hilfe: das Gelöbnis eines römischen Feldherrn

Durch die verwinkelten Gänge des Museums gelangen wir in eine Werkstatt unterhalb der Ausstellungsräume. Den Besuchern ist der Zutritt eigentlich nicht gestattet, allerdings erkennt uns der Museumskurator wieder und lädt uns ein, ihn zu unterstützen: Kürzlich wurde dieser Statuensockel gefunden und dem Museum zur Restauration übergeben. Da die Inschrift aber nur teilweise lesbar ist, soll eine Kopie des Steins angefertigt werden. Hier beginnt die Detektivarbeit, bei der wir dem Kurator durch unser bereits erworbenes Wissen helfen können.

Aufgaben:

1 **Kopieren Sie die Inschrift Zeile für Zeile (ohne Auflösungen). Dabei helfen folgende Leitfragen:**
   - a) **Welcher Inschriftentyp liegt hier vor?**
   - b) **In welchem Kasus sind der Adressat und der Stifter der Inschrift verewigt?**
   - c) **Welches Amt übte der Stifter aus?**
   - d) **Am Ende der Inschrift ist die lateinische Abkürzung für den Begriff »geloben« kaum noch lesbar.**
     - **Wie lautet die entsprechende lateinische Vokabel im Infinitiv?**
     - **Auf dem Stein stehen hierfür nur drei Buchstaben. Ergänzen Sie die vollständige Form, wenn die deutsche Übersetzung »hat gelobt« lautet.**

Abb. 26: Statuensockel (© Center for Epigraphical and Palaeographical Studies, The Ohio State University)

2 **Erklären Sie, wieso und mit welcher Kompetenz ein *dictator* bestimmt wurde.**

3 **Benennen Sie, welcher Halbgott hier verehrt wurde und wer diese Statue gestiftet hat.**

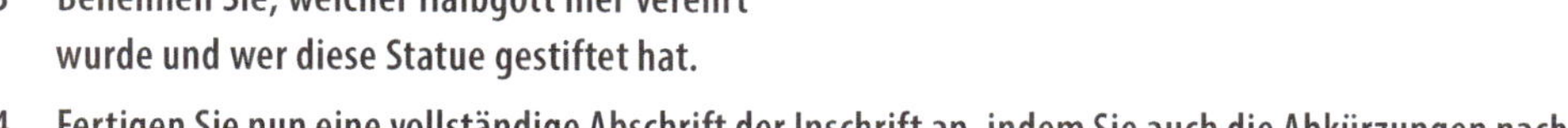

4 **Fertigen Sie nun eine vollständige Abschrift der Inschrift an, indem Sie auch die Abkürzungen nach dem Leidener Klammersystem auflösen.**

5 **Vergleichen Sie die Buchstaben dieser Inschrift mit der *Scriptura capitalis quadrata.***

14. Lauf mir nicht davon: ein Halsring für einen Sklaven

In der Werkstatt entdecken wir eine weitere Inschrift, die in eine kaum 6 cm große Plakette eingeritzt wurde. Vom Kurator erfahren wir, dass diese, so lässt der oben abgebrochene Rand plausibel vermuten, an einem Ring befestigt war. Die Plakette ist in die Zeit nach Kaiser Konstantin (gestorben 337) zu datieren und repräsentiert die Gattung der Kleininschriften *(instrumentum domesticum).*

Abb. 27: Halsring eines Sklaven

Aufgaben:

1. **Fertigen Sie eine Transkription nach dem Leidener Klammersystem an. Beachten Sie dabei die gelegentliche Worttrennung durch Punkte. Ergänzen Sie bei einzelnen Wörtern in runden Klammern den fehlenden Buchstaben (insbesondere ein *m*), damit Kasus und Verbform richtig sind, und beachten Sie, dass es sich bei der Buchstabenfolge MEV in Zeile 4 um die verkürzte Form eines Possessivpronomens handelt.**
2. **Übersetzen Sie die Inschrift.**
3. **Erklären Sie, welchen beiden Zwecken dieses Halsband mit Plakette diente.**
4. **Die *area Callisti* lag im Bereich der heutigen Kirche Santa Maria Maggiore. Tragen Sie diese in den Stadtplan auf S. 29 ein.**

15. Sechzehn Pfund Gold: ein Geschenk für den Kaiser

Durch unsere Hilfe kann auch der Museumskurator endlich Feierabend machen, und gemeinsam steigen wir den kapitolinischen Hügel hinab auf die belebten Straßen Roms. Vorbei an den Kaiserforen schlendern wir im Licht der Straßenbeleuchtung in Richtung unseres Hotels und diskutieren noch ein wenig über die Erfahrungen des Tages: Wie fällt unsere Bewertung der kapitolinischen Museen und ihrer Inschriften aus?

Trotz des Straßenlärms hören wir im Vorbeigehen verstohlenes Gelächter und das helle Klirren von Steinen, die auf eine harte Oberfläche geworfen werden. In der Dunkelheit ist es nicht leicht, etwas zu erkennen, doch wir sehen die Umrisse einzelner Gestalten zwischen den Ruinen des Augustus-Forums. Offenbar hat sich eine Gruppe Jugendlicher unerlaubt Zutritt verschafft und zerstört nun rücksichtslos die antiken Überreste! Wir beschließen etwas zu unternehmen und nähern uns vorsichtig den Übeltätern. Sobald jene uns bemerken, ergreifen sie die Flucht und sind schnell über alle Berge. Froh, dass es zu keiner Auseinandersetzung kam, untersuchen wir die herumliegenden Monumente auf Spuren der Zerstörung und stellen entsetzt fest, dass eine Inschrift stark beschädigt wurde.

Abb. 28: Ehreninschrift für das Kaiserhaus (© Center for Epigraphical and Palaeographical Studies, The Ohio State University)

Doch der Kurator kann uns beruhigen: Die Lücken wurden bereits vor sehr vielen Jahren in die Inschrift gehauen und sind auch nicht das Ergebnis blinder Zerstörungswut. Wir sind gespannt, was tatsächlich dahintersteckt.

Aufgaben:

1 Klassifizieren Sie zunächst den Typ der Inschrift.

2 Die Inschrift war der Familie des Kaisers Claudius gewidmet und lässt sich aufgrund der präzisen Angaben zu den einzelnen Ämtern in das Jahr 47 datieren. Entnehmen Sie der Inschrift, welche Ämter Claudius zum Zeitpunkt ihrer Abfassung innehatte und welche Aufgaben damit verbunden waren.

3 In diesem Jahr veranstaltete der Kaiser ein großes Fest zur Feier seiner Herrschaft. Recherchieren Sie, worum es sich handelt.

4 Möglicherweise wurde das Monument, von dem sich nur diese Marmorbasis mit der Inschrift erhalten hat, im Rahmen des genannten Festes aufgestellt. Erschließen Sie, was darauf gestanden haben könnte, indem Sie sich an der Angabe *ex auri pondo XVI* orientieren.

5 Entnehmen Sie der Inschrift, wer der Stifter der Aufstellung war und welche Funktion er damals ausübte.

6 Einige Wörter sind aus der Inschrift getilgt, was man als »Rasur« bezeichnet. Überlegen Sie, von *liberorum* ausgehend, was in den beiden Lücken jeweils gestanden haben könnte. Recherchieren Sie hierzu, welche dramatische Veränderung sich im Jahr 48 in der Familie des Claudius ereignete und welche Person damals aus der Erinnerung bzw. Geschichte durch die Tilgung ihres Namens, der *damnatio memoriae,* gestrichen wurde.

7 In seinem Bestreben, die lateinische Sprache den fremdsprachlichen Erfordernissen seiner Zeit anzupassen, führte Claudius drei neue Buchstaben ein, die jedoch in der Folgezeit keine weitere Verwendung fanden. Finden Sie einen davon in der vorletzten Zeile.

8 a) Fertigen Sie nun eine Transkription der Inschrift nach dem Leidener Klammersystem an und übersetzen Sie die Inschrift.

b) Nennen Sie die beiden zentralen Satzteile, welche in der Inschrift fehlen. Erklären Sie, warum man hier auf diese verzichten konnte.

Teil II

Einführung Teil II:

Auch heute soll das Thermometer wieder weit über die 30-Grad-Marke klettern, aber diesmal dürfen wir uns nicht in einem angenehm klimatisierten Museum herumtreiben, um der Hitze zu entkommen: Für uns steht eine aufregende Inschriften-Jagd durch ganz Rom auf dem Programm, bei der wir im Wettstreit mit anderen Teams Inschriften aufspüren, Aufgaben lösen und dabei möglichst viele Punkte sammeln. Es gelten folgende Spielregeln:

- Zunächst sollen Teams gebildet werden. Eine Gruppengröße von 2–5 Schülern und Schülerinnen ist dabei ideal. Es ist auch möglich, die Stationen in Einzelarbeit zu bearbeiten.
- Es gibt insgesamt 15 Inschriften, die nacheinander gefunden werden müssen. Zur nächsten Station führt ein Rätsel am Ende der letzten Station (= letzte Aufgabe).
- Für jede richtig bearbeitete Aufgabe erhält die Gruppe Punkte. Die jeweilige Anzahl steht in Klammern hinter der Aufgabenstellung. Das Team mit den meisten Punkten geht als Sieger aus der Schnitzeljagd hervor.

Anmerkung: Die Inschriften in der Schnitzeljagd sind geographisch angeordnet, sodass sich die Route vor Ort gut ablaufen lässt.

Los geht es ganz in der Nähe unserer gestrigen Endstation, den Kaiserforen. Die Buchstaben der RICHTIGEN Aussagen über diese ergeben die nächste Station.

A	Die Foren tragen die Namen der Herrscher, die ihren Bau veranlasst haben.
E	Augustus wurde in einem Tempel auf seinem Forum bestattet.
S	Insgesamt gibt es fünf Kaiserforen.
E	Gaius Iulius Caesar ließ als Erster ein neues Forum errichten.
J	Das Trajansforum ist das größte der Foren.
O	Die Foren liegen heute etwa 2 m oberhalb des heutigen Straßenniveaus.
A	Augustus erweiterte das Caesarforum etwa um das Jahr 4 v. Chr.
T	Der Bau des Nerva-Forums begann unter Kaiser Vespasian oder Domitian.
U	Das Nerva-Forum wird auch als Forum Transitorium bezeichnet.
N	Durch den Bau der Via dei Fori Imperiali wurden die Kaiserforen beschädigt.
S	Caesars Forum ähnelte in seiner Form den öffentlichen Plätzen Griechenlands.
R	Das Agrippina-Forum ist als einziges Forum einer Frau geweiht.
Ä	Die Foren befinden sich in der Nähe des Kapitolhügels.
L	Trajan ließ für den Bau seines Forums einen Hügel abtragen.
R	Zum Trajansforum gehörten die Trajansmärkte und die Basilica Ulpia.

16. Ohne Brücken geht nichts: der Pons Fabricius

Wir sind nun schon eine ganze Weile in Rom unterwegs und konnten viele Inschriften entdecken, aber eine Sache kam bisher zu kurz: Das berühmte italienische Gelato, das nicht als Kugel serviert wird, sondern mit einer Art Spatel in die Eiswaffel gedrückt wird. Da die Hitze schon wieder erdrückend ist und der Weg am Tiber entlang etwas Abkühlung verspricht, entschließen wir uns dazu, dem Flusslauf ein Stück zu folgen und auf der anderen Seite, im Viertel Trastevere, nach dem leckersten Eis der Stadt zu suchen. Um dorthin zu gelangen, überqueren wir den Tiber auf der ältesten erhaltenen Brücke Roms, dem Pons Fabricius. Den Beginn der dreibogigen Brücke markieren zwei Stelen mit vier Köpfen, weshalb die Brücke auch den Namen Ponte dei Quattro Capi trägt. Über den antiken Bauherren informieren gut lesbare, gleichlautende Inschriften über den beiden großen Seitenbögen, deren Text sich auf einer kurzen Inschrift im Mittelbogen fortsetzt.

Abb. 29 (oben): Pons Fabricius, Seitenbogen; Abb. 30 (unten): Pons Fabricius, Mittelbogen (© lupa.at/33156-07)

Aufgaben:

1 Transkribieren Sie die beiden Inschriften mit Auflösung der Abkürzungen. (Hilfe: *cur* steht für *curator*) (3 P)

2 Erklären Sie die sprachlichen Auffälligkeiten in der Inschrift und geben Sie den Text in klassischem Latein wieder. Erstellen Sie eine Übersetzung. (5 P)

3 Verantwortlich für die Baumaßnahme war Lucius Fabricius. Erklären Sie anhand der Bezeichnung für sein Amt (und des Ortes der Inschrift), welche Aufgaben es umfasste. (2 P)

4 Auf beiden Seitenbögen sind außerdem noch zwei kleinere Inschriften zu lesen, die sich im Erhaltungszustand und Wortlaut unterscheiden:

a) Q LEPIDVS M' F M LOLLIVS M F COS EX S C PROBAVERVNT

b) M. LOLLIVS M F Q LEPI EX S C PROBAVERVNT.

Notieren Sie zunächst die Differenzen zwischen den beiden Inschriften, ergänzen Sie dann jede der beiden Inschriften jeweils nach dem Muster der anderen Inschrift und fertigen Sie eine Transkription mit Übersetzung an (Hilfe: M'= Manius). (6 P)

5 Erklären Sie, was diese beiden späteren Inschriften aus dem Jahr 21 v. Chr. über die Geschichte des Pons Fabricius erzählen könnten. (2 P)

6 Lesen Sie den folgenden Text aus der Schrift *De viris illustribus urbis Romae* (c. 22) zu einem Ereignis des Jahres 293 v. Chr. Recherchieren Sie, inwiefern noch heute die Form der Tiberinsel auf dieses Ereignis Bezug nimmt. (2 P)

Die Römer schickten wegen einer Seuche auf Geheiß des Orakels zehn Gesandte unter der Führung des Quintus Ogulnius aus, um den Aesculapius aus Epidaurus zu holen. Als diese dort angekommen waren und das riesige Standbild bestaunten, glitt unter dessen Sockel eine Schlange – Ehrfurcht, nicht Schrecken erregend – hervor, schlängelte sich zur Verwunderung aller mitten durch die Stadt zum Schiff der Römer und ringelte sich in der Kajüte des Ogulnius zusammen. Die Gesandten segelten, den Gott mit sich führend, bis Antium, wo die Schlange über das ruhige Meer zum nahe gelegenen Heiligtum des Aesculapius schwamm und nach wenigen Tagen auf das Schiff zurückkehrte; und als dieses den Tiber aufwärts fuhr, glitt sie bei der nächst gelegenen Insel von Bord, wo ihr ein Tempel errichtet wurde, und die Seuche beruhigte sich mit wunderbarer Schnelligkeit.

7 Die nächste Inschrift befindet sich an einem Grabmonument, das für eine Person errichtet wurde, die beruflich wahrscheinlich mit *panificia* und *dulcia* zu tun hatte.

17. Ägypten in Rom: die Pyramide des Cestius

Öder Denkstein, riesig und ernst beschaust du
Trümmer bloß, Grabhügel, den Scherbenberg dort,
Hier die weltschuttführende, weg von Rom sich
Wendende Tiber!
Stolze Prunksucht türmte dich einst, o Grabmal,
Als vor zwein Jahrtausenden hier Augustus
Sich der Welt aufdrang, der erschreckten durch die
Leiche des Cäsar.
Rom jedoch, kaum neigte dem Untergang sich's,
Als das Saatkorn neuer Gewalt gesät ward;
Denn es schuf hier jener Apostelfürst zum
Throne den Altar.

Bei einer kurzen Internetrecherche nach diesem Bauwerk sind wir auf die obigen Verse gestoßen. Sie stammen aus den ersten Strophen eines Gedichtes, das den Titel »Die Pyramide des Cestius« (1834) trägt. Doch der Grabbau, der von Graf Platen als »öder Denkstein« bezeichnet wird, erscheint uns in der Realität als ein beeindruckendes Monument: Mit seinen mehr als 36 Metern Höhe fällt es uns im Sonnenlicht schwer, die Spitze zu erkennen. Etwas leichter ist da das Entziffern der gut lesbaren Inschrift auf einer der Seitenwände.

Abb. 31: Cestius-Pyramide, Südostseite

Inschrift oben:

Abb. 32: Cestius-Pyramide, Grabinschrift (CIL VI 1374)

Inschrift unten:

OPVS APSOLVTVM EX TESTAMENTO DIEBVS CCCXXX
ARBITRATV
PONTI P F CLA MELAE HEREDIS ET POTHI L

Aufgaben:

1 Transkribieren Sie die beiden Inschriften nach dem Leidener Klammersystem und fertigen Sie eine Übersetzung an. (6 P)

2 Recherchieren Sie, welche Aufgaben das Kollegium der *septemviri epulonum* hatte und welcher Rückschluss sich hieraus auf den sozialen Status des Verstorbenen ziehen lässt. (2 P)

3 Erklären Sie, wie sich das *cognomen* des Gaius Cestius erklären lässt. (2 P)

4 Zeigen Sie, welcher Buchstabe in der ersten Zeile der zweiten Inschrift orthographisch zu ändern ist. (2 P)

5 Recherchieren Sie den Tätigkeitsbereich eines Prätors in Rom und die Funktion eines Volkstribuns. (1 P)

6 Erläutern Sie, warum die ägyptische Kultur in der Zeit des Augustus in Mode kam. Finden Sie ein weiteres Beispiel dafür in dieser Ausgabe. (2 P)

7 Vergleichen Sie den Ort und die Funktion dieses extravaganten Grabmonuments mit dem Grabmal des Eurysaces (Nr. 19). (2 P)

8 Fertigen Sie eine Präsentation über außergewöhnliche Bestattungen in aller Welt an. (2 P)

9 Folgende Bildausschnitte gehören zur nächsten Station.

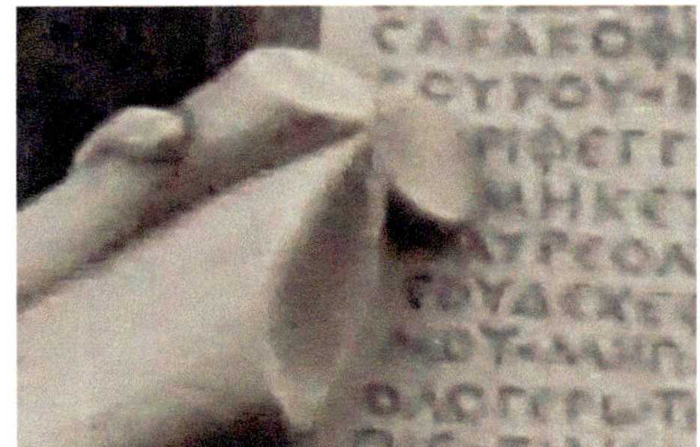

18. Verborgene Schriften: der Obelisk auf dem Petersplatz

Ein Must-See bei Rombesuchen ist ohne Zweifel der Vatikan mit dem weltberühmten Petersdom, weshalb wir uns auf den Weg zu diesem Staat in einer Stadt machen. Da die Warteschlange für die Dombesichtigung aber sehr lang ist, schauen wir uns zuerst den Obelisken auf dem Petersplatz genauer an: Auf dem Sockel lässt sich eine eingemeißelte Inschrift erkennen. Auf mittlerer Höhe sind vier Bronzelöwen, überwölbt von Girlanden, und in der Mitte ein Adler angebracht. Oberhalb des Adlers weist ein weiteres Feld ebenfalls eingemeißelte Buchstaben auf. Auf der Pyramidenspitze befinden sich ein Kreuz und eine Inschrift. Da sich diese mit bloßem Auge aber nicht erkennen lässt, beginnen wir an der Basis.

Abb. 33: Petersplatz, Obelisk

Aufgaben:

Über den Papst, der diesen Obelisken aufrichten ließ, informiert die Inschrift auf der Südseite:

1 **Übersetzen Sie die Inschrift. (3 P)**

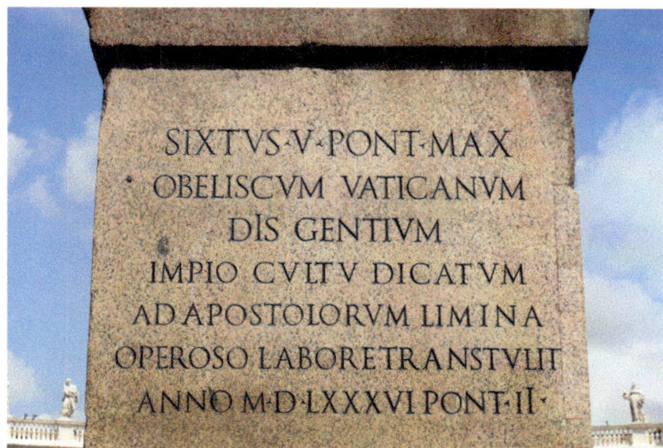

Abb. 34: Obelisk, Inschrift Sixtus V.

dis = *deis* – *gentes, -ium f. pl.* = hier: Heiden – *dicare, dico, dicavi, dicatum:* weihen, widmen – *limen, -inis n.* = Türschwelle

2 **Recherchieren Sie im Internet**

a) **zum ursprünglichen Aufstellungsort und**

b) **zur aufwendigen Versetzung dieses Obelisken. (2 P)**

3 **Suchen Sie in diesem Heft eine weitere Veränderung eines antiken Monuments, die Sixtus V. vorgenommen hat. (1 P)**

4 **Auf der Vorderseite (= Osten) fordert eine weitere Inschrift die *partes adversae* zur Flucht auf, denn der Löwe vom Stamme Juda habe gesiegt (eine Stelle aus der Offenbarung des Johannes 5, 5 Vulgata). Nennen Sie die religiöse Bewegung, welche in der zweiten Hälfte des 16. Jahrhunderts, dem Zeitalter der Gegenreformation, mit diesen *partes* gemeint sein könnte. (1 P)**

Über den Girlanden mit dem Adler befindet sich diese Inschrift:

Abb. 35: Obelisk, Inschrift Kaiserzeit (© Center for Epigraphical and Palaeographical Studies, The Ohio State University)

5 **Fertigen Sie eine Transkription mit Auflösung der Abkürzungen und eine Übersetzung an. (Hinweis: Am Ende der 2. Zeile war zu lesen: F AVG.) (6 P)**

6 **Ermitteln Sie, welche beiden Kaiser als Adressaten genannt sind, und datieren Sie so die Inschrift grob. (2 P)**

7 **Geben Sie an, um welchen Schrifttyp es sich hier handelt und was bei der Schreibweise einzelner Buchstaben auffällt. (1 P)**

8 **Über die Geschichte des Obelisken gibt der ältere Plinius in seiner *Naturalis Historia* Auskunft (16, 201 f.). Erklären Sie anhand des Textes, worin die Schwierigkeiten des Transportes bestanden. (2 P)**

Abies admirationis praecipuae visa est in nave, quae ex Aegypto Gai principis iussu obeliscum in Vaticano circo statutum quattuorque truncos lapidis eiusdem ad sustinendum eum adduxit. Qua nave nihil admirabilius visum in mari certum est. CXX modium lentis pro saburra ei fuere. Longitudo spatium obtinuit magna ex parte Ostiensis portus latere laevo.

Einen äußerst bewundernswerten Balken aus Tannenholz sah man bei einem Schiff, das auf Befehl des Kaisers Gaius den auf der Pferderennbahn im Vatikan aufgestellten Obelisken und die vier zur Stütze dienenden Blöcke aus demselben Stein aus Ägypten transportierte. Sicher ist auf dem Meer nichts Erstaunlicheres gesehen worden als dieses Schiff. 120 000 Modii Linsen dienten als Ballast. Seine Länge nahm die linke Seite des Hafens von Ostia zum großen Teil ein.

Bei genauem Hinsehen lassen sich in diesem Textfeld Löcher erkennen, die vermuten lassen, dass hier einst andere Buchstaben angebracht waren. Deshalb scannen wir die Inschrift und lassen sie von einer KI rekonstruieren. Die Auswertung des Computers ergibt folgendes Bild:

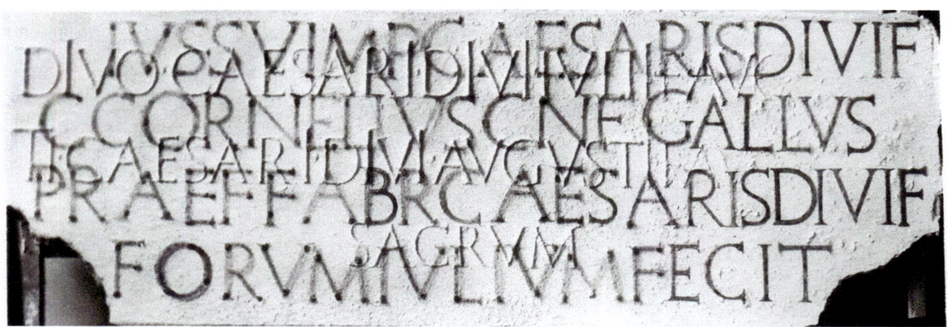

Abb. 36: Obelisk, Inschrift Späte Republik (© Center for Epigraphical and Palaeographical Studies, The Ohio State University)

9 Transkribieren Sie die Inschrift und fertigen Sie eine Übersetzung an. (6 P)

10 Recherchieren Sie im Internet das Schicksal des Cn. Cornelius Gallus und finden Sie heraus, in welcher Stadt Ägyptens dieser Obelisk zunächst aufgestellt war. (2 P)

	Punkte
Station 16	
Station 17	
Station 18	
Station 19	
Station 20	
Station 21	
Station 22	
Station 23	
Station 24	
Station 25	
Station 26	
Station 27	
Station 28	
Station 29	
Station 30	

Mit dieser Station endet die Schnitzeljagd – es wird Zeit, eine Bilanz zu ziehen! Tragen Sie Ihre Punkte in die Tabelle ein und ermitteln Sie den/die Sieger/-in.

Gesamtsieger/-in:

19. Eine extravagante Grabstätte: M. Vergilius Eurysaces

Abb. 37: Porta Maggiore, Grabmonument des Eurysaces

Im Schatten der Porta Maggiore befindet sich ein skurriler Steinblock, der durch seine großen Röhren zwar ein bisschen an einen Bienenstock erinnert, in Wirklichkeit aber als Grabmonument entworfen wurde. Wir fragen uns, wer wohl ein solches Denkmal erhalten hat und was diese Röhren dort zu suchen haben. Könnten das Wasserleitungen oder eine Belüftungsanlage gewesen sein?

Einen Hinweis dazu liefert der Beruf des Toten, den man über die modifizierten Mengenangaben in dem nebenstehenden Rezept erfährt. Dazu müssen die römischen Ziffern in die entsprechenden Buchstaben im Alphabet übersetzt werden (I = A, II = B usw.).

Placentam sic facito

Farinae siligineae L. XVI, unde solum facias; in tracta farinae L. IX et alicae primae L. XIX. Alicam in aquam infundito. Tum farinae L. XX addito. Casei ovilli P. XV in aquam indito. Postea indito mellis boni P. XVIII. Id una bene conmisceto caseo ...

XVI.	IX.	XIX.	XX.	XV.	XVIII.
____	____	____	____	____	____

Einblick in seine Berufssparte gibt uns auch die umlaufende Friesverzierung.

Abb. 38: Eurysaces, Fries (Ausschnitt)

Eine Inschrift, die vermutlich an der Ostseite des Grabmals angebracht war, befindet sich heute in den uns bereits gut bekannten Musei Capitolini (Außenstelle Centrale Montemartini). An der Süd- und Westseite sind noch heute gut lesbare Inschriften zu erkennen.

Abb. 39: Eurysaces, Inschrift Südseite

Abb. 40: Eurysaces, Inschrift Westseite (© Anne Kolb / Joachim Fugmann)

Abb. 41: Eurysaces, Inschrift Ostseite

Aufgaben:

1 Sprachlich wenig auffällig erscheint die Inschrift auf der Südseite.

   a) Transkribieren Sie zunächst diese Inschrift. Ergänzen Sie die letzten beiden Buchstaben nach den Regeln der lateinischen Grammatik. (4 P)

   b) Erklären Sie anhand des Namens, aus welcher sozialen Schicht Eurysaces stammte. (2 P)

   c) Übersetzen Sie die Inschrift. Erklären Sie, warum *Est* in ungewohnter Anfangsstellung steht. (5 P)

2 Die Westseite zeigt einige sprachliche Auffälligkeiten, die für eine Datierung in die zweite Hälfte des 1. Jahrhunderts v. Chr. sprechen.

   a) Transkribieren und übersetzen Sie die erste Zeile der Inschrift. Finden Sie Unterschiede zur ersten Inschrift. (4 P)

   b) Transkribieren und übersetzen Sie nun die zweite Zeile. Erklären Sie, warum das Wort *apparet* eine Schwierigkeit darstellt. Beurteilen Sie, ob sich diese auflöst, wenn man *apparet* als eigenen Satz auffasst und mit »Das ist offensichtlich.« übersetzt. (5 P)

   c) Übersetzen Sie mit den richtigen Bezügen die Inschrift vollständig und recherchieren Sie im Internet die Tätigkeit eines *redemptor.* (4 P)

   d) Fertigen Sie unter Beachtung des Frieses und der Inschriften das Berufsprofil des Verstorbenen an. (2 P)

3 Die Inschrift auf der Ostseite, die seiner Ehefrau gewidmet ist, enthält ebenfalls einige sprachliche Besonderheiten.

   a) Identifizieren Sie die auffälligen Formen und geben Sie an, wie diese im klassischen Latein zu schreiben sind. (2 P)

   b) Beschreiben Sie, welcher Buchstabe in der zweiten Zeile nach dem Leidener Klammersystem getilgt werden muss. (1 P)

   c) Fertigen Sie nun eine Transkription und Übersetzung an. (6 P)

   d) Überlegen Sie, was mit *hoc panario* (*panarium* = Brotkorb) gemeint sein könnte. (1 P)

4 Auf der stadtauswärts gerichteten Ostseite war – vermutlich oberhalb der Atistia-Inschrift – auch das Ehepaar selbst zu sehen, wie eine in der Umgebung gefundene Reliefplatte nahelegt.

   a) Erklären Sie, warum das Ehepaar gerade auf dieser Seite zu sehen war. (2 P)

   b) Beurteilen Sie, was Eurysaces mit dem Grabmal über sich und seine Frau aussagen wollte und wie es auf seine Zeitgenossen wohl gewirkt hat. Recherchieren Sie dafür auch zur Gestalt des Monuments. (3 P)

5 Die nächste Inschrift findet sich an der ehemaligen *Porta Praenestina,* die im 3. Jahrhundert n. Chr. Teil der Aurelianischen Mauer wurde.

20. Vorsorge für den Tod: M. Lucilius Paetus und Lucilia Polla

Außerhalb der Aurelianischen Mauer, auf der antiken Via Salaria, stoßen wir auf das monumentale Rundgrab des Marcus Lucilius Paetus. Die daran angebrachte Inschrift ist fünf Meter lang. Können Sie abschätzen, wie groß der gesamte Grabbau ist?

35 × 16 m   28 × 4 m

oben: Abb. 42: Grabtumulus des Lucilius Paetus, Via Salaria
unten: Abb. 43: Grabinschrift von Bruder und Schwester

Aufgaben:

1 Informieren Sie sich über den Bau und Verlauf der Aurelianischen Mauer. Nennen Sie die Monumente in diesem Buch, die damals in den Mauerbau integriert wurden. (1 P)

2 Suchen Sie mit Hilfe des Routenplaners *omnesviae.org* den Verlauf der Via Salaria von Rom bis Castrum Truentinum (Martinsicuro) an der Adria. Nennen Sie Städte, Dörfer und Flüsse, die passiert werden. (1 P)

3 Erklären Sie, welche Information der erste Buchstabe in der ersten Zeile dem Leser vermittelt. (2 P)

4 Fertigen Sie eine Transkription nach dem Leidener Klammersystem an und übersetzen Sie die Inschrift. (6 P)

5 Erklären Sie, inwiefern sich die Namensangabe der Schwester von derjenigen ihres Bruders unterscheidet. Zeigen Sie, was sich hieraus für die Namensform von weiblichen Mitgliedern einer römischen *gens* ergibt. (3 P)

6 Die zweite Zeile bietet die Ämterlaufbahn *(cursus honorum)* des Lucilius Paetus.

   a) Recherchieren Sie, welche Aufgaben verbunden waren mit dem Amt eines *tribunus militum – praefectus fabrum – praefectus equitum.* (2 P)

   b) Erläutern Sie, welchem Prinzip die Nennung der drei Funktionen folgt, und zeigen Sie, welches Amt die höchste Position in der Laufbahn des Paetus war. (2 P)

   c) Finden Sie anhand der genannten Dienststellung des Paetus heraus, welcher gesellschaftlichen Schicht Bruder und Schwester angehörten. (1 P)

7 Anders als in unserem Beispiel endet manche Inschrift nach der Angabe des Stifters mit dem Wort *fecit,* das heißt »er/sie/es hat (das Grab) errichtet«. Erklären Sie, welche Pointe sich dagegen Martial im folgenden Epigramm ausgedacht hat (Hilfe: *pote = esse potest*):

INSCRIPSIT TVMVLIS SEPTEM SCELERATA VIRORVM
›SE FECISSE‹ CHLOE. QVID POTE SIMPLICIVS?

8 Die nächste Inschrift ist zwar nicht weit von unserem aktuellen Standort entfernt. Dennoch verlassen wir den italienischen Staat.

21. Regelung der Nachfolge: eine Inschrift an der Basilica Aemilia

Abb. 44: Basilica Aemilia, Inschrift (© Joachim Fugmann)

Wir beginnen unseren Tag auf den holprigen Straßen des Forum Romanum und stoßen umgehend auf einen nicht zu übersehenden Felsblock, in den mit beinahe unglaublicher Genauigkeit eine Inschrift eingemeißelt wurde, die aufgrund der Verwitterung des Steins dennoch schwer zu entziffern ist. Schaffen wir es dennoch? (Die unten abgebildete Inschrift war an der Maison Carrée, einem Tempel der augusteischen Zeit, in Nîmes angebracht und gibt hilfreiche Tipps.)

Abb. 45: Nîmes, Maison Carrée

Aufgaben:

1 **Informieren Sie sich zunächst über den römischen Bau-Typus der *basilica* und deren Nutzung. (1 P)**

2 **Vergleichen Sie nun die beiden Inschriften und finden Sie Gemeinsamkeiten. (2 P)**

3 **Transkribieren Sie die Inschrift an der Basilica Aemilia, indem Sie die fehlenden Buchstaben nach dem Leidener Klammersystem ergänzen und auflösen. (3 P)**

4 **Übersetzen Sie die Inschrift und erklären Sie, wem die Inschrift in Rom gewidmet und wie alt der Adressat der Widmung zum Zeitpunkt der Weihe war. (5 P)**

5 **Recherchieren Sie ausgehend von diesen Erkenntnissen, was a) ein *princeps virtutis,* b) ein *consul designatus* und c) ein *augur* war. (2 P)**

6 **Erläutern Sie, was der Zweck dieser Inschrift war. Nehmen Sie hierzu den Informationskasten zu Prinz William zu Hilfe. (2 P)**

Infokasten 10

Prince William Arthur Philip Louis, Prince of Wales, Duke of Cornwall, Duke of Rothesay und Duke of Cambridge (* 21. Juni 1982 in London)

Der »Prince of Wales« ist der Thronerbe und älteste Sohn seiner Majestät des Königs und von Diana, Prinzessin von Wales. Seine Königliche Hoheit ist verantwortlich für eine Reihe von wohltätigen Aktivitäten und Projekten und führt öffentliche und offizielle Aufgaben zur Unterstützung des Königs in Großbritannien und Übersee aus. Der Schutz der natürlichen Umwelt für zukünftige Generationen ist eine der wichtigsten Prioritäten von Prinz William. Seine Königliche Hoheit ist derzeit Präsident oder königlicher Schirmherr von fast 30 Organisationen und Institutionen, die sein Interesse an ihrer Arbeit, ihrer Bedeutung für die Nation und den Themen, die er unterstützen möchte, widerspiegeln. (Zusammengefasst nach: https://www.royal.uk/the-prince-of-wales)

7 **Recherchieren Sie in Grundzügen die Geschichte dieses Bauwerks. (1 P)**

8 **Diese Karte bildet das Forum Romanum mit einigen wichtigen Bauwerken ab. Darauf ist zu erkennen, dass die Basilica Aemilia nicht die einzige Basilica auf dem Forum war. An der Stelle der Basilica Sempronia wurde von Gaius Iulius Caesar ein anderes Gebäude errichtet. Dort gibt es die nächste Inschrift zu entdecken.**

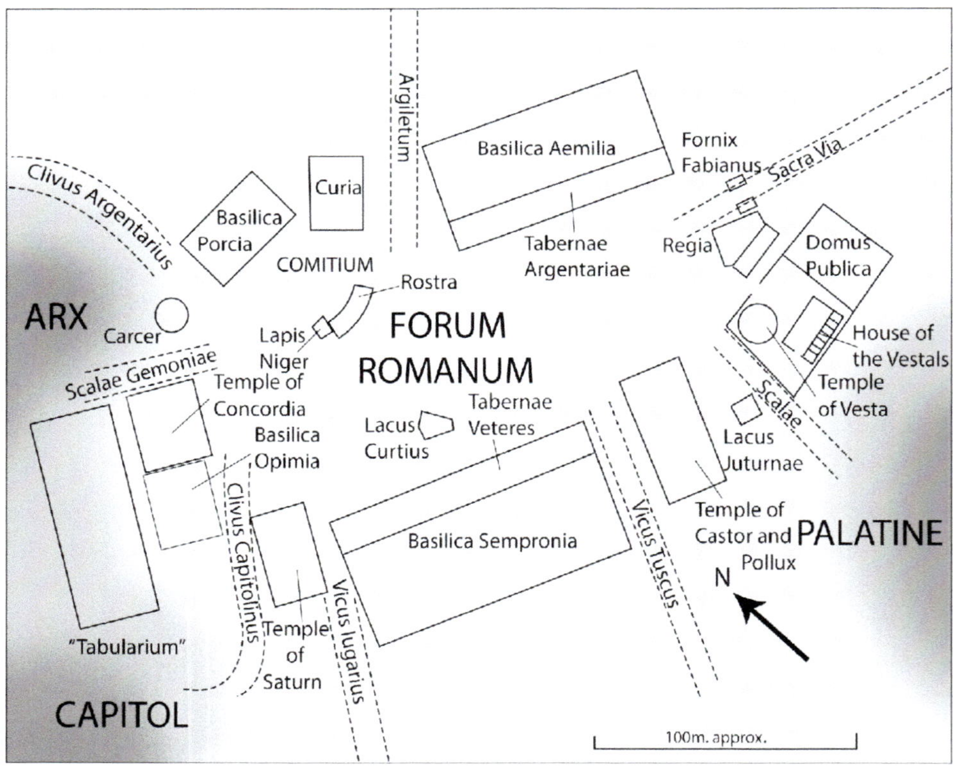

Abb. 46: Forum Romanum (Plan)

22. Auf den Spuren der Illuminati: das Pantheon

Glücklicherweise erwartet uns dieser einmalige Blick auf das Pantheon, bevor unzählige Menschen dieses herausragende Bauwerk, das bereits als Filmkulisse diente, besichtigen.

Abb. 47: Pantheon, Tempelfront

Diese Chance muss genutzt werden! Für einen Reisebericht in der Schulzeitung fotografieren wir das Monument, aber leider verdeckt ein Obelisk Teile der Inschrift. In der Bildunterschrift soll aber trotzdem die vollständige Inschrift abgedruckt werden.

Aufgaben:

1 **Ergänzen Sie deshalb die verdeckten Buchstaben und fertigen Sie eine Transkription mit Übersetzung an. (3 P)**

2 **Verfassen Sie einen kurzen Text zum Pantheon und seiner Inschrift unter Berücksichtigung folgender Leitfragen und Hintergrundinformationen. (2 P)**

   a) **Um welchen Typ von Inschrift handelt es sich hier?**

   b) **Erläutern Sie, welches Satzglied ausgelassen und warum seine Nennung nicht für nötig erachtet wurde.**

   c) **Recherchieren Sie: die Biografie des Marcus Vipsanius Agrippa, die Baugeschichte und Datierung des Monuments sowie die Verwendung als Grabstätte berühmter Personen der italienischen Geschichte. (1 P)**

   d) **Suchen Sie nach Bauten gleichen Namens in der Welt. (1P)**

Ohne Wartezeit betreten wir den imposanten Innenraum und betrachten eine Weile das Lichtspiel der Sonnenstrahlen, die durch die Öffnung in der Kuppel einfallen. Im Inneren gibt es viel zu entdecken, aber wir konzentrieren uns auf ein besonderes Detail: Im Film »Illuminati« aus dem Jahr 2009 macht sich der Dozent Robert Langdon (gespielt von Tom Hanks) auf die Suche nach dem Versammlungsort des gleichnamigen Geheimbundes, um einen Mord zu verhindern. Er folgt dabei einem Hinweis auf »Santis irdnes Grab«, der ihn zu einem der Sarkophage im Pantheon führt.

Abb. 48: Pantheon, Sarkophag Raffaels

3 **Fertigen Sie eine Transkription und Übersetzung der Inschrift in den beiden Girlanden an. (6 P)**

4 **Recherchieren Sie im Internet das Leben und Wirken Raffaels in Rom. Finden Sie heraus, was mit »Santis irdnes Grab« wirklich gemeint ist und wo Langdon eigentlich suchen soll. (2 P)**

5 **Die Inschrift auf dem Deckel des Sarkophags ist ein sog. elegisches Distichon und lautet:**

Ille hic est Raphael timuit quo sospite vinci
rerum magna parens et moriente mori.

Jener hier ist Raffael, zu dessen Lebzeiten die große Schöpfernatur fürchtete,
besiegt zu werden, und bei dessen Tod zu sterben.

Interpretieren Sie, was damit gemeint ist, indem Sie sich auf Raffaels Leben und Wirken beziehen. (3 P)

6 **Auf das Epigramm Raffaels »antwortet« das elegische Distichon des Malers Annibale Carracci aus Bologna (1560–1609):**

Arte mea vivit natura et vivit in arte
Mens decus et nomen c(o)etera mortis erant.

Übersetzen Sie das Epigramm und vergleichen Sie die beiden Grabepigramme. (2 P)

7 **Im Zweiten Punischen Krieg (218–201 v. Chr.) zog der karthagische Feldherr Hannibal gegen Rom. In seinem Heer begleiteten ihn neben Soldaten und Reitern ungewöhnliche Tiere. Eine deutlich später entstandene Statue in Rom zeigt ein Tier dieser Spezies. Dort befindet sich die nächste Inschrift.**

23. Wasser marsch: der Aquaedukt an der Porta Maggiore

Die Porta Maggiore dient heute als Umsteigeplatz für Roms Straßenbahnen. Um dorthin zu gelangen, müssen wir die richtigen Abzweigungen nehmen:

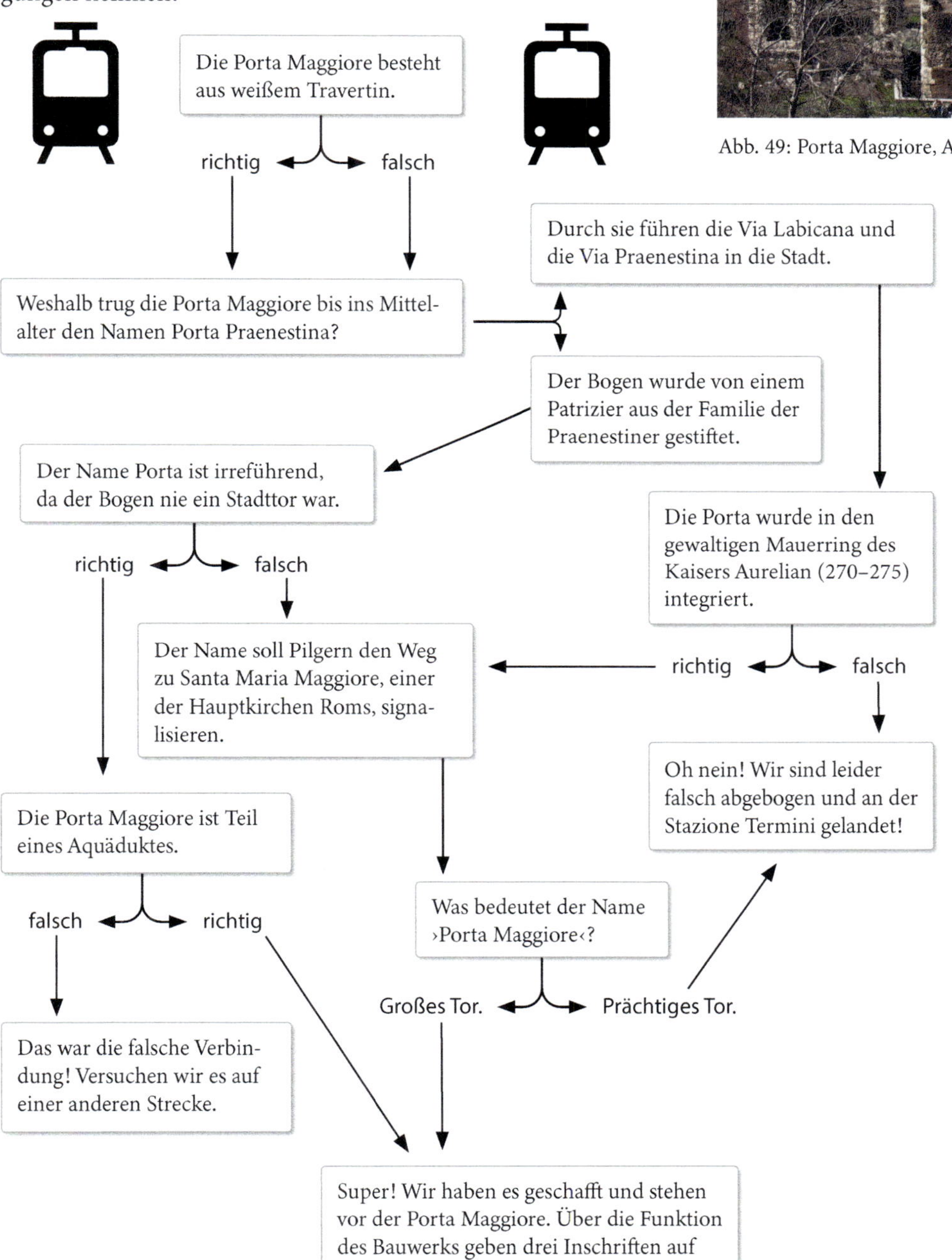

Abb. 49: Porta Maggiore, Aquaedukt

Inschrift I

TI CLAVDIVS DRVSI F CAISAR AVGVSTVS GERMANICVS PONTIF MAXIM / TRIBVNICIA POTESTATE XII COS V IMPERATOR XXII PATER PATRIAE / AQUA CLAVDIAM EX FONTIBUS QVI VOCABANTVR CAERVLEVS ET CVRTIVS A MILLIARIO XXXXV / ITEM ANIENEM NOVAM A MILLIARIO LXII SVA IMPENSA IN VRBEM PERDVDENCAS CVRAVIT

Inschrift II

IMP CAESAR VESPASIANVS AVGVST PONTIF MAX TRIB POT II IMP VI COS III DESIG IIII P P / AQVAS CVRTIAM ET CAERVLEAM PERDVCTAS A DIVO CLAVDIO ET POSTEA INTERMISSAS DILAPSASQVE / PER ANNOS NOVEM SVA IMPENSA VRBI RESTITVIT

Inschrift III

IMP T CAESAR DIVI F VESPASIANVS AVGVSTVS PONTIFEX MAXIMVS TRIBVNIC / POTESTATE X IMPERATOR XVII PATER PATRIAE CENSOR COS VIII / AQVAS CVRTIAM ET CAERVLEAM PERDVCTAS A DIVO CLAVDIO ET POSTEA / A DIVO VESPASIANO PATRE SVO VRBI RESTITVTAS CVM A CAPITE AQVARVM A SOLO VETVSTATE DILAPSAE ESSENT NOVA FORMA REDVCENDAS SVA IMPENSA CVRAVIT

Aufgaben:

1 a) Transkribieren Sie mit den entsprechenden Auflösungen die drei Inschriften und übersetzen Sie diese. (6 P)

b) Erklären Sie die Schreibung *Caisar* in der ersten Inschrift. (2 P)

c) Welcher Buchstabe ist grammatisch beim ersten Wort in der dritten Zeile von Inschrift I zu ergänzen? (1 P)

d) Welcher Buchstabe ist in der Meilenangabe formal zu tilgen? (1 P)

2 a) Identifizieren Sie die Namen der beiden Wasserleitungen des Kaisers Claudius und versuchen Sie sich an einer Erklärung ihrer Namen. (2 P)

b) Lokalisieren Sie die beiden Wasserquellen, aus denen sich die Aqua Claudia speiste. Erläutern Sie den Namen *Caeruleus*. (2 P)

3 Rekonstruieren Sie aus der dritten Inschrift die Geschichte dieses Aquaedukts. (2 P)

4 Ziehen Sie eine Parallele zu dem Monument des Kaisers Claudius in der Inschrift Nr. 3 und begründen Sie Ihre Entscheidung. (2 P)

5 Dass die Römer auf die Aquaedukte als Meisterwerke römischer Ingenieurkunst sehr stolz waren, verrät folgender Satz in der Schrift *De aquaeductu urbis Romae* des Sextus Iulius Frontinus, der selbst das Amt eines *curator aquarum* unter den Flaviern bekleidete (§ 16):

Tot aquarum tam multis necessariis molibus pyramidas videlicet otiosas compares aut cetera inertia sed fama celebrata opera Graecorum!

Übersetzen Sie diese Aussage und überlegen Sie, an welche Bauwerke der Griechen Frontin gedacht haben könnte. Begründen Sie, ob Sie seiner Behauptung zustimmen oder nicht. (6 P)

6 **Erklären Sie, warum auf dieses Bauwerk der Begriff des »architectual recycling« zutrifft. (2 P)**

7 **Hinweise auf die nächste Station liefern folgende Symbole.**

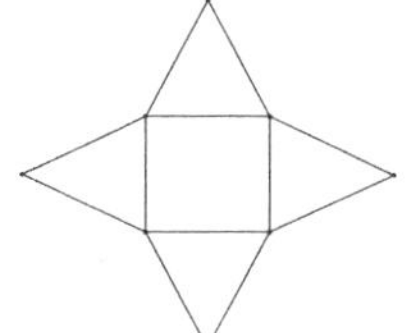

24. Sieg – Triumph – Gott: ein Bogen für den Kaiser Titus

Auf und neben dem Forum Romanum stehen drei Triumphbögen, die jeweils einem Kaiser gewidmet sind. Wer das Rätsel richtig gelöst hat, ist nun auf der Suche nach dem sogenannten Titus-Bogen. Welcher dieser Bögen ist es?

Abb. 50–52: Drei Triumphbögen der Kaiserzeit

Aufgaben:

1 **Finden Sie anhand der Karte auf S. 52 heraus, welche antike Straße vom Titus-Bogen über das Forum zum Kapitol führte. Zeichnen Sie den Titus-Bogen ein. (1 P)**

2 **Erklären Sie, bei welchen berühmten »Events« diese Straße eine zentrale Rolle spielte. (2 P)**

3 **Aus einer an der Rückseite angebrachten Inschrift (s. Abbildung) ergeben sich Hinweise auf die Geschichte des Monuments in der Neuzeit. Fertigen Sie eine Übersetzung an. (3 P)**

Abb. 53: Titus-Bogen, Westseite

fatiscere, fatisco = zerbrechen, bersten – *fulcire, fulcio* = ausbessern – *priscus, a, um* = ehemalig

4 **Die geschilderte Renovierung wird auf das Jahr 1823 datiert. Erklären Sie, wie sich diese Zahl erschließen lässt. (2 P)**

5 **Erläutern Sie, welche Botschaft der Papst mit einer Gestaltung nach antikem Vorbild senden will. (2 P)**

6 **Auf der Vorderseite des Bogens befindet sich die eigentliche Inschrift aus römischer Zeit. Transkribieren und übersetzen Sie die Inschrift. Erklären Sie, zu welchem Typ sie gehört. (8 P)**

Abb. 54: Titus-Bogen, Ostseite

7 **Die Abkürzung S. P. Q. R. für *Senatus populusque Romanus* hat in Mittelalter und Neuzeit zu weiteren Auflösungen angeregt. Übersetzen Sie folgende Variationen (2 P):**

Sapiens Populus Quaerit Romam
Salus Papae Quies Regni
Sanctus Petrus Quiescit Romae
Si Peu Que Rien (Francois Rabelais)
Sono Pazzi Questi Romani (aus dem italienischen Asterix)

Fällt Ihnen eine weitere witzige Wendung (auf Deutsch) ein?

8 **Fertigen Sie in Kleingruppen Kurzreferate zu den folgenden Themen an. (2 P)**

a) **Verantwortlich für die Renovierung war Giuseppe Valadier, der als Archäologe, Stadtplaner und Architekt in Rom gewirkt hat. Präsentieren Sie seine wichtigsten Werke.**

b) **Aufschluss über den Anlass für die Errichtung dieses Bogens geben der kleine Figurenfries unterhalb der Inschrift auf der Mitte der Ostseite, vor allem aber die Reliefs auf den beiden Innenseiten des Bogens. Recherchieren Sie hierzu und stellen Sie Ihre Ergebnisse im Plenum vor.**

c) **Informieren Sie sich über die Regierungsdaten der beiden beteiligten Kaiser. Stellen Sie anschließend Vermutungen darüber an, in welchem Zusammenhang die Bezeichnung *divus* mit dieser Darstellung aus dem Scheitel der Innendecke des Bogens stehen könnte. Stellen Sie Ihre Überlegungen vor.**

Abb. 55: Titus-Bogen, Durchgang

9 **Zur nächsten Inschrift führt ein Graffito:**

25. Ein dichtendes Wunderkind: Q. Sulpicius Maximus

Aus der Ferne entdecken wir einen interessanten Grabaltar, der über und über mit griechischen und lateinischen Buchstaben bedeckt ist und in dessen Mitte eine Statue eingelassen ist. Doch als wir uns dem Monument nähern, kommt es zu einem folgenschweren Zwischenfall: Eine Elster stiehlt die Brille eines Gruppenmitglieds, sodass wir dieser Person das Monument beschreiben müssen.

Abb. 56: Grabmonument des Sulpicius Maximus, Porta Salaria

Die erste Information entnehmen wir einem Hinweisschild, das uns verrät, dass es sich um die Kopie des Grabmonuments handelt, die sich jedoch am Originalstandort befindet.

Aufgaben:

1 **Erläutern Sie zunächst den Aufbau des Grabmonuments in seiner Gesamtheit, ohne die Schriftzeichen zu beachten. (1 P)**

2 **Beschreiben Sie das Porträt des Jungen vom Kopf bis zu den Zehen (Haltung, Kleidung etc.). (1 P)**

Ein Gruppenmitglied buchstabiert die Grabinschrift:

Abb. 57: Grabinschrift des Sulpicius Maximus (Ausschnitt)

favor, oris m. = Zuneigung – *lustrum, i n.* = hier: Zeitraum von vier Jahren – *extemporalis, e* = aus dem Stegreif – *adfectus, us m.* = Stimmung, Liebe, Eingenommenheit – *P(osterisque) S(uis)*

3 **Erläutern Sie, warum die Platzierung der üblichen Grabformel DEIS MANIBUS SACRUM ungewöhnlich ist und was dies über die Kompetenz des Steinmetzes verrät. (2 P)**

4 **Transkribieren Sie nun den Text mit Auflösungen und fertigen Sie eine Übersetzung an. (6 P)**

5 **Erklären Sie anhand der Namen, worin sich der Stolz der Eltern über den sozialen Aufstieg der Familie widerspiegeln könnte. (2 P)**

6 **Recherchieren Sie, an welchem Wettkampf Sulpicius Maximus teilgenommen hat, und beantworten Sie dabei folgende Fragen (2 P):**

   a) Aus welchen Elementen bestand dieser Wettbewerb insgesamt?

   b) Welcher Kaiser hatte diesen Wettstreit ins Leben gerufen?

   c) In welchem Jahr ist Sulpicius Maximus aufgetreten? (Hilfe: *lustrum* = alle 4 Jahre)

   d) Wo fanden diese Spiele in der Antike statt? Wo liegt dieser Ort heute?

7 **Die beiden Kolumnen auf der linken und rechten Seite geben die griechischen Verse des jungen Dichters wieder. Die Jury hatte allen Teilnehmern die Aufgabe gestellt, über folgendes Thema aus der bekannten Phaeton-Sage, wie sie etwa in den Metamorphosen des Dichters Ovid ausführlich geschildert ist (2, 1 ff.), zu improvisieren: »Welcher Worte bediente sich Zeus, als er den Helios tadelte, weil er dem Phaeton seinen Sonnenwagen überließ?«**

   Vergleichen Sie den Wettbewerb, aus dem Sulpicius Maximus nicht als Sieger hervorging, mit einem heutigen Poetry Slam. (2 P)

Infokasten

Poetry Slam

Bei einem Poetry Slam (nach *slam* = Treffer, wichtiges Turnier, Wettstreit) handelt es sich um einen literarischen Wettbewerb, bei dem innerhalb eines festgelegten Zeitraums selbstverfasste Texte vorgetragen werden müssen. Wichtig ist dabei neben dem Inhalt die Performance, das heißt Gestik, Mimik und Artikulation. Die Teilnehmer stehen in Konkurrenz zueinander, meist entscheidet das Publikum, seltener eine Jury, am Ende über den Sieg. Prämien sind weniger Geld, sondern eher symbolische Sachpreise wie Bücher, T-Shirts etc. Diese Veranstaltungsform entstand ursprünglich Ende der 80er-Jahre in Chicago und verbreitete sich seitdem in vielen Ländern. Gerade die deutsche Szene gilt als eine der größten weltweit. Seit 2016 wurden deshalb die deutschen Poetry Slams auf die Liste des immateriellen Kulturerbes der UNESCO gesetzt.

8 Versetzen Sie sich in die Lage der unglücklichen Eltern und versuchen Sie aus dem Text herauszufinden, welche Motive die Eltern bei der Errichtung des Grabmonuments geleitet haben. (1 P)

9 Die linke Spalte unter *Epigrammata* informiert den Betrachter über das Schicksal des Jungen. Denn dieser war bald nach seinem Auftritt verstorben. Die rechte Spalte dagegen verheißt ihm als Trost die Unvergänglichkeit des dichterischen Ruhms. Auch heute gibt es immer wieder »Wunderkinder«, d. h. hochbegabte Kinder mit besonderen Fähigkeiten.

a) Nennen Sie Beispiele für Wunderkinder in der Neuzeit und die Bereiche, in denen sie ihre Fähigkeiten zeig(t)en. (1 P)

b) Nehmen Sie Stellung zur Frage, wo das richtige Maß einer Förderung durch die Eltern liegt. (3 P)

10 Die nächste Inschrift befindet sich ebenfalls in der Nähe der Porta Salaria und ist auf einem runden Grabbau angebracht.

Abb. 58: Columna Traiani, Gesamtansicht

26. Bezwingung von Mensch und Natur: das Siegesmonument Trajans

Die in ihrem Inneren durch eine Wendeltreppe begehbare *Columna Traiani* (H 29,78 m ohne Sockel) bildet den Abschluss des gewaltigen Forums, das der Kaiser Trajan (98–117) als monumentale Triumphalanlage zur Erinnerung an seine Siege über die Daker (101–102 und 105–106) als letztes der Kaiserforen in den Jahren 107–112 errichten ließ. Der ganze Baukomplex, in den man durch ein monumentales Eingangstor gelangte, bestand aus einer große Platzanlage, die auf beiden Seiten von zwei Säulenhallen mit halbrunden Anbauten (sog. *exedrae*) umsäumt war, und einer fünfschiffigen Basilika sowie zwei Bibliotheken, welche die Säule rechts und links flankierten.

Über dem Eingang findet sich folgende Inschrift:

Abb. 59: Columna Traiani, Inschrift

Aufgaben:

1 Die Inschrift gilt als besonders schönes Beispiel für die *Scriptura capitalis quadrata* bzw. *monumentalis,* bei der die Worte durch Punkte getrennt und die Zahlen mit einem langen Strich markiert sind. Außerdem finden sich viele für eine Kaisertitulatur typische Abkürzungen.

   a) Fertigen Sie eine Abschrift der Inschrift an. Achten Sie dabei auf die Worttrennungen, Abkürzungen und den jeweils richtigen Kasus. (3 P)

   b) Welche beiden Satzteile sind hier (wie häufig) ausgelassen? (1 P)

   c) Übersetzen Sie die Inschrift. (3 P)

   d) Recherchieren Sie im Internet, was mit *mons et locus* gemeint ist. (1 P)

   e) Rekapitulieren Sie die Elemente der Kaisertitulatur (s. Online-Glossar). (1 P)

2 Die Abbildungen auf der Säule lassen sich wie ein Comic über die Taten des römischen Heeres unter ihrem Kaiser lesen:

   a) Begründen Sie, inwiefern die Darstellungsform als innovativ bezeichnet werden kann. (2 P)

   b) Finden Sie mittels Recherche im Internet heraus, welches Schicksal der Verlierer Decebalus, der König der Daker, erlitten hat, und suchen Sie die entsprechende Darstellung auf der Säule. (1 P)

3 Erläutern Sie, wie es zu der Lücke in der letzten Inschrift gekommen sein könnte. (2 P)

4 Keinen Aufschluss gibt der Text der Inschrift über die weitere Funktion, für welche der Kaiser dieses Monument errichten ließ. Finden Sie diese mittels Internetrecherche heraus. (1 P)

5 Nach dem Vorbild dieser Inschrift wurde 1989 die Computerschrift TRAJAN erstellt, die auch schon für das Logo eines Filmplakats, einer Pharmafirma oder einer Universität verwendet wurde. Recherchieren Sie, wo diese Schriftart heute vorkommt, und erklären Sie, warum sie jeweils eingesetzt wurde. (2 P)

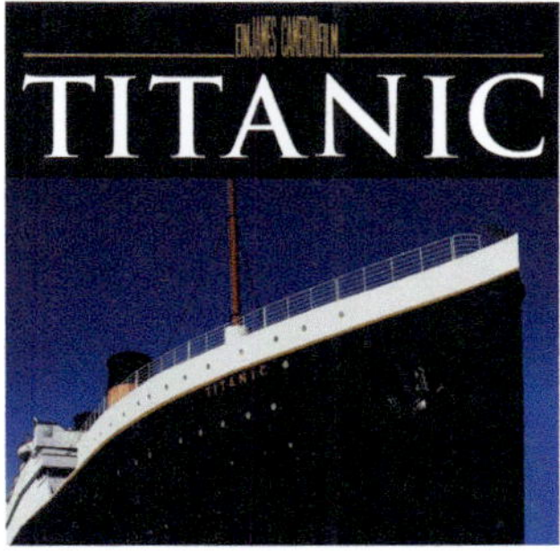

Abb. 60: Schriftart »Trajan«

6 Die vergoldete Statue Trajans, die das Siegesmonument krönte, wurde im Mittelalter eingeschmolzen. Papst Sixtus V. ließ 1587 die Statue des Apostels Petrus dort aufstellen. Mit seinem Pendant, dem Apostel Paulus, krönte er 1589 eine zweite berühmte Säule. Erstellen Sie ein Informationsblatt zu dieser. (2 P)

7 Dieses Rätsel enthält vier Hinweise auf die nächste Station:

AEDIS LAPIDIBVS ROMAE SVM AEDIFICATA
ATQVE EST GRAECVM QVAMQVAM ROMAE SVM MIHI NOMEN
IN ME SPHAERAM POSSVM CONTINERE GLOBVMVE
EGREGIVS CLARVSQVE EST ARTIFEX IBI SITVS.

27. Frust und Freude: Graffiti im Kaiserpalast

Egal ob auf dem Palatin oder in irgendeinem Klassenzimmer – Kritzeleien finden wir überall. Ob ›Robert was here‹ auf einem Stein oder ›Ich hasse Mathe‹auf einem Schultisch, jeder kennt's. Doch nicht nur heutzutage verewigen sich Menschen auf unterschiedlichste Art und Weise. Dass Kritzeleien auch am kaiserlichen Hof anzutreffen waren, lehrt der Besuch im sogenannten Paedagogium am Südhang des Palatin, das möglicherweise eine kaiserliche Schule gewesen ist.

Wie auch heute sind einige Verewigungen leichter zu entziffern als andere. Deshalb wagen wir uns zunächst an einen Ausschnitt, der leserlich geschrieben ist und eine anschauliche Zeichnung enthält.

Abb. 61: Paedagogium am Palatin, Graffiti (© Martin Langner)

LABORAASEIIE QVOMODOEGOLABORAVI
FIPRODERITTIBI

Aufgaben:

1 **Beschreiben Sie die gekritzelte Szene links. (1 P)**

2 **Transkribieren Sie den Satz, indem Sie Wortgrenzen beachten und Satzzeichen setzen, und übersetzen Sie diesen. (6 P)**

3 **Erklären Sie, warum dieses Bild zur Charakterisierung des Schulunterrichts verwendet worden sein könnte. Welche Bilder könnte man heute zeichnen? (2 P)**

Abb. 62: Paedagogium, Graffito (Ausschnitt), © EDCS (Epigraphik-Datenbank Clauss/Slaby)

Direkt daneben fällt uns ein Graffito mit zwei Pferden auf, das auch für Sportfans interessant sein könnte.

Abb. 63: Paedagogium, Graffito (Ausschnitt) (© Martin Langner)

4 **Beschreiben Sie das nebenstehende Graffito. (1 P)**

5 **Transkribieren Sie den Text. (3 P)**

6 **Bei drei Wörtern handelt es sich um Namen. Zeigen Sie, wer damit jeweils gemeint ist. (2 P)**

7 **Die Angabe *venetus* bezieht sich (wie *russatus, prasinus, albatus*) auf eine Farbe. Verfassen Sie anhand des Mosaiks eine Berichterstattung über dieses Sportereignis, in der Sie die Bedeutung der Farben und andere wichtige Elemente eines Wagenrennens im römischen Circus beschreiben. (2 P)**

8 **Übersetzen Sie den lateinischen Text. (3 P)**

Abb. 64: Wagenrennen im Circus (Museum Lyon)

9 **Uns fällt noch eine weitere Zeichnung mit ganz persönlicher Note ins Auge. Identifizieren Sie die Namen der Gladiatoren, ihre Typen und die Rolle der Person am rechten Bildrand. (1 P)**

10 **Erklären Sie anhand der Zeichnung, wer den Zweikampf gewonnen hat. (2 P)**

Abb. 65: Paedagogium, Graffito (Ausschnitt) (© Martin Langner)

11 **Übersetzen Sie den lateinischen Text. (3 P)**

12 **Die nächste Inschrift befindet sich an einem Bauwerk, das 62 m lang und 5,5 m breit ist. Für die Errichtung war ein *curator viarum* zuständig.**

28. Bewahrung des kulturellen Erbes: Statuen vor der Basilica Iulia

Abb. 66: Basilica Iulia, Statuenbasis (CIL VI 3864 a)

An der Nordseite der Basilica Iulia finden wir eine stark beschädigte Statuenbasis, auf der jedoch noch deutlich Buchstaben zu erkennen sind. Da das Entziffern durch die Verwitterung erschwert wird, hilft der Audioguide des Forums den Entdeckern und Entdeckerinnen. Allerdings hat die Computerstimme Probleme mit der fehlenden Worttrennung und liest die Inschrift Zeile für Zeile vor.

 19:12

GABINIVSVETTIVS
PROBIANVSVC
PRAEFVRB
STATVAMFATALI
NECESSITATECON
LABSAMCELEBERRI
MOVRBISLOCOADHI
TADILIGENTIA REPARAVIT

Aufgaben:

1 Transkribieren Sie die Inschrift, indem Sie die Wörter richtig trennen und die Abkürzungen auflösen. Welcher Buchstabe in Zeile 5 ist entsprechend der klassischen Schreibweise abzuändern? (3 P)

2 Übersetzen Sie die Inschrift. (3 P)

3 Die Inschrift ehrt einen sogenannten *vir clarissimus* (V C). Erklären Sie, was mit dieser Bezeichnung gemeint ist. (2 P)

4 Entnehmen Sie der Inschrift, wie dieser Mann hieß und welches Amt er damals innehatte. (1 P)

5 Vergleichen Sie das Schriftbild mit der Inschrift in der Basilica Aemilia (Nr. 21). Was fällt auf? (2 P)

6 Manche Forscher datieren aufgrund der Angabe zu Person und Amt die Inschrift auf das Jahr 416 n. Chr. Recherchieren Sie, auf welches Ereignis wenige Jahre vorher sich die *fatalis necessitas* beziehen könnte. (1 P)

7 Eine zweite Inschrift gibt Auskunft über den Künstler, der die Statue geschaffen hat. Recherchieren Sie, wer mit dem Namen *Polycletus* gemeint ist, und diskutieren Sie, ob es sich bei der Statue um ein Original gehandelt haben könnte. (3 P)

Abb. 67: Basilica Iulia, Statuenbasis (CIL VI 10040)

8 Kaiser Titus war nicht nur am Bau des berühmten Kolosseums beteiligt, sondern führte auch einen folgenschweren Krieg. Dabei wurde unter anderem Jerusalem zerstört. Als siegreicher Feldherr gebührte ihm in Rom jedoch eine besondere Ehre und sein Triumph wurde mit einem Bauwerk der besonderen Art gefeiert. Dort wartet die nächste Inschrift auf uns.

29. Ein tierisch starker Obeliskenträger: Bernini und sein Elefant

Der gesuchte Elefant ist nur einen Katzensprung vom Pantheon entfernt: Mitten auf einem Platz vor der Kirche Santa Maria sopra Minerva steht er als Träger eines der zahlreichen Obelisken in Rom. Von seinem Schicksal erzählen die beiden Inschriften auf dem Sockel:

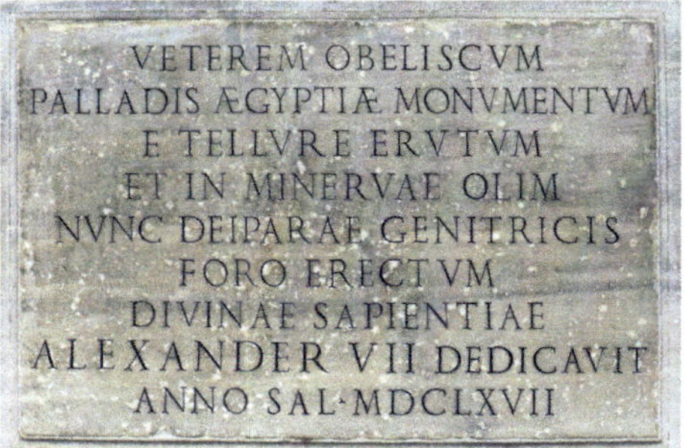

VETEREM OBELISCVM
PALLADIS ÆGYPTIÆ MONVMENTVM
E TELLVRE ERVTVM
ET IN MINERVAE OLIM
NVNC DEIPARAE GENITRICIS
FORO ERECTVM
DIVINAE SAPIENTIAE
ALEXANDER VII DEDICAVIT
ANNO SAL·MDCLXVII

Abb. 68: Berninis Elefant, Vorderseite

SAPIENTIS AEGYPTI
INSCVLPTAS OBELISCO FIGVRAS
AB ELEPHANTO
BELLVARVM FORTISSIMA
GESTARI QVISQVIS HIC VIDES
DOCVMENTVM INTELLIGE
ROBVSTAE MENTIS ESSE
SOLIDAM SAPIENTIAM SVSTINERE

Abb. 69: Berninis Elefant, Rückseite

Pallas Aegyptia = die Göttin Isis (gleichgesetzt mit der griech. Göttin Pallas Athene bzw. der röm. Göttin Minerva) – *deipara genitrix* = die Gottesmutter Maria – *gestari* = *portari* – *documentum intellege* +AcI = als einen Beweis dafür verstehen, dass … – *robustus* = robust (wörtl.: Hartholz)

Aufgaben:

1 **Übersetzen Sie die beiden Inschriften. (6 P)**

2 **Beschreiben Sie anhand Ihrer Übersetzung den Weg des Obelisken bis zu seinem heutigen Platz auf dem Elefanten. (1 P)**

3 **Erklären Sie, wie man üblicherweise die *figurae* bezeichnet und was dieser Name bedeutet. (1 P)**

4 **Erläutern Sie, welche Botschaft Inschrift und Monument vermitteln sollen. (2 P)**

5 **Recherchieren Sie das Papstwappen von Alexander VII. Auf welches Detail verweist wohl das Adjektiv *robustus?* (1 P)**

6 **Das Monument hat ein interessantes Nachleben:**

a) Recherchieren Sie im Internet, wer der Schöpfer dieses Elefanten ist und in welcher Stadt Italiens heute ein Duplikat zu sehen ist. (1 P)

Abb. 70: Piazza della Minerva, Elefant mit Obelisk

b) Den Surrealisten Salvador Dalí hat dieses Denkmal zu seinem Gemälde »Els elefants« (katal.) inspiriert. Versuchen Sie eine Erklärung, warum ihn das Thema gereizt haben könnte. Welche künstlerische Verarbeitung des Themas können Sie sich noch vorstellen? (2 P)

7 Kennzeichnen Sie das Pantheon und den Standort des Elefanten. Die nächste Station ist durch einen Kreis markiert.

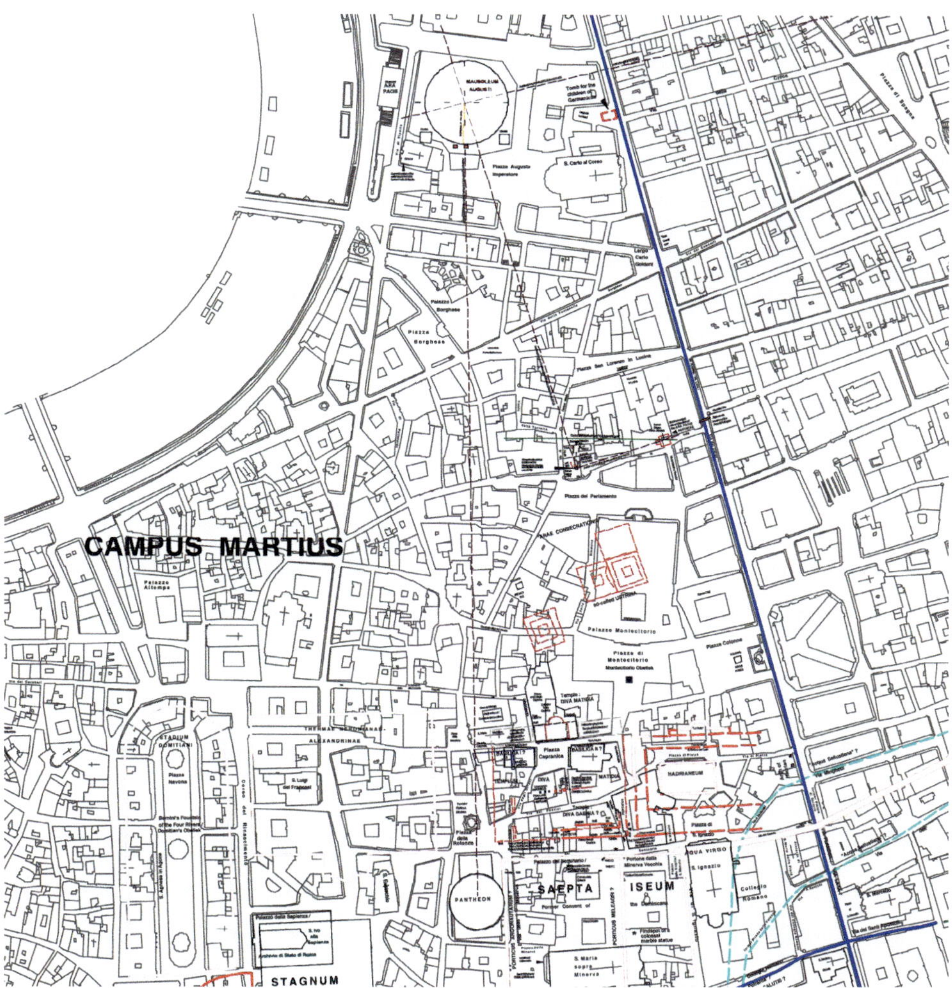

Abb. 71: Karte des Marsfeldes von C. Häuber und F.X. Schütz (2017), verändert (online: https://FORTVNA-research.org/Karte-Marsfeld). Abdruck mit freundlicher Genehmigung der Autoren

30. Vom *princeps* zum *dux*: die Piazza Augusto Imperatore

Abb. 72: Piazza Augusto Imperatore, Grabmonument

Wer dem Hinweis auf der Karte gefolgt ist, befindet sich nun auf der Piazza Augusto Imperatore, auf der sich nicht nur der erste Kaiser Roms monumental verewigt hat: In nächster Nähe findet sich eine zweite Inschrift, die nicht das ist, was sie im ersten Augenblick zu sein scheint. Doch bevor wir das Geheimnis lüften, muss ein weiteres Rätsel gelöst werden.

Aufgaben:

1 **Finden Sie mit einer Internetrecherche die gesuchten Begriffe und übertragen Sie diese in das untenstehende Gitterrätsel. (3 P)**

   I **Die Piazza verdankt ihren Namen der Grabanlage, die der erste römische Prinzeps für sich und seine Familie errichten ließ. Unter welchem Namen ist dieser heute vor allem bekannt?**

   II **Der mit Bäumen bepflanzte und von einer Statue des Prinzeps bekrönte Grabbau bildete mit einem Verbrennungsplatz und einer Parkanlage ein konzeptionelles Gesamtensemble. Wie nannte man einen solchen Verbrennungsplatz?**

   III **Den Eingang flankierten zwei Pfeiler, auf denen dieser Kaiser seinen von ihm konzipierten und stilisierten Tatenbericht als Inschrift anbringen ließ, um so noch selbst sein Bild bei der Nachwelt zu fixieren. Wie wird dieser Tatenbericht normalerweise betitelt? (zwei Wörter)**

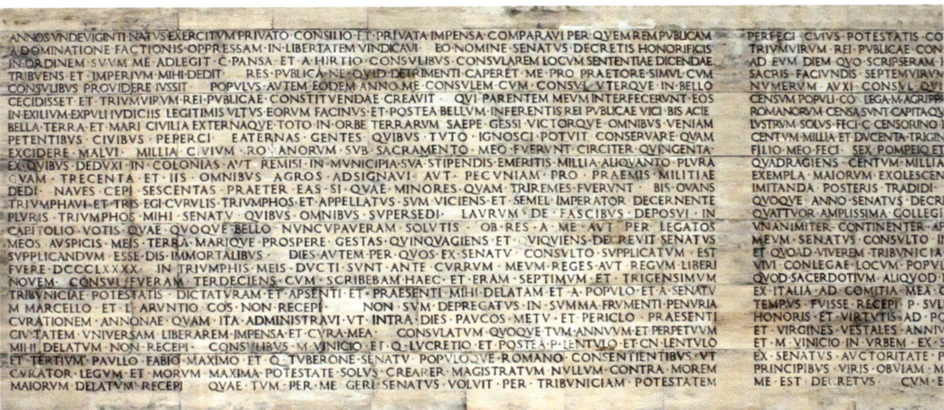

Abb. 73: Ara Pacis (Außenwand), Tatenbericht (Kopie)

IV Obwohl das Original nicht mehr existiert, ist uns der Text durch Kopien aus der damaligen Provinz Galatia überliefert. Zu welchem Land gehört diese heute?

V Über den Modus der Anbringung verrät folgende Inschrift Genaueres:

RERVM GESTARVM DIVI AVGVSTI QVIBVS ORBEM TERRARVM IMPERIO POPVLI ROMANI / SVBIECIT ET IMPENSARVM QVAS IN REM PVBLICAM POPVLVMQVE ROMANVUM FECIT INCISARVM / IN DVABVS AHENEIS PILIS QVAE SVNT ROMAE POSITAE EXEMPLAR SVBIECTVM

Welches Wort zeigt an, dass die »Überschrift« nach seinem Tod entstanden ist?

VI Aus der Überschrift lässt sich auch ablesen, auf welchem Schriftträger die Inschrift ursprünglich angebracht war. Wie heißt der lateinische Begriff (im Nominativ Singular)?

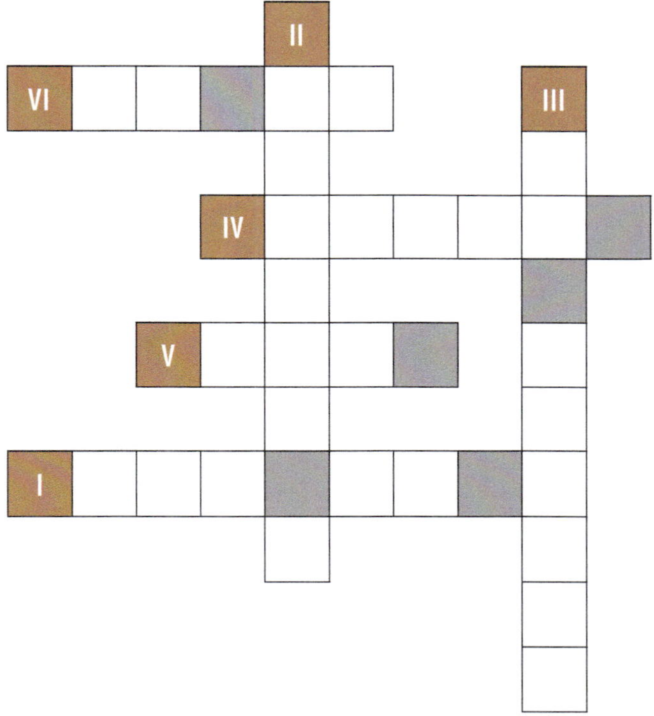

2 Die Buchstaben in den grau unterlegten Feldern ergeben in der richtigen Reihenfolge einen Namen, den der Adoptivvater des Kaisers Augustus trug. Finden Sie diesen sowie den Tag und die Umstände seines Todes heraus. (1 P)

3 Wie sorgfältig Augustus seinen Eintritt in die Politik für die Nachwelt »komponiert« hat, verrät bereits der erste Satz dieser Inschrift: Übersetzen Sie die Textpassage und informieren Sie sich über den historischen Hintergrund. (4 P)

ANNOS VNDEVIGINTI NATVS EXERCITVM PRIVATO CONSILIO ET PRIVATA IMPENSA / COMPARAVI PER QVEM REM PVBLICAM A DOMINATIONE FACTIONIS OPPRESSAM / IN LIBERTATEM VINDICAVI

4 **Vergleichen Sie die Sichtweise des Augustus mit folgender Passage aus den Annalen des Historikers Tacitus (1, 10) und arbeiten Sie die Gemeinsamkeiten und Unterschiede heraus. (2 P)**

Dagegen wurde gesagt: Er habe das Pflichtgefühl gegenüber seinem Vater und die schwierige Lage für den Staat ausgenutzt; im Übrigen habe er aus Machtgier die Veteranen durch großzügige Schenkungen aufgewiegelt, er habe als junger Privatmann ein Heer ausgerüstet, er habe die Legionen des Konsuls bestochen und er habe die Gunst der Partei des Pompeius vorgetäuscht ... er habe dem Senat gegen dessen Willen das Konsulat entrungen und die Waffen, die er gegen Antonius erhalten hatte, habe er gegen den Staat gewendet.

Doch nun zu der besagten zweiten Inschrift, die auf der Außenwand eines der umliegenden Gebäude angebracht ist und zwei Engel mit einem Rutenbündel *(fasces)* abbildet, die eine Inschrift in Bronzelettern flankieren. Diese ist jedoch kein antikes Werk. Im Gegenteil: Sie wurde erst im 20. Jahrhundert angebracht und erinnert bis heute an die faschistische Herrschaft Benito Mussolinis.

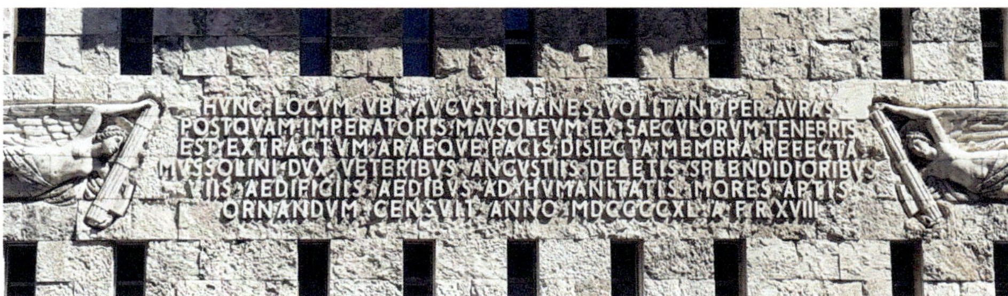

Abb. 74: Piazza Augusto Imperatore, INPS-Gebäude

manes, ium m. = die Seele (eines Verstorbenen) – *volitare, volito, volitavi, volitatum* = fliegen – *disiectus, a, um* = zerschlagen – *angustiae, arum f.* = enge Gassen – *splendidus, a, um* = prächtig – *ornandum censuit* = er befahl zu schmücken

5 **Recherchieren Sie im Internet die Auflösung des Kürzels A. F. R. XVIII und suchen Sie nach einem Motiv für die Wahl der römischen *fasces.* (1 P)**

6 **Übersetzen Sie die Inschrift. (3 P)**

7 **Erklären Sie, welche Zielsetzung der *dux Mussolini* laut Inschrift mit der Neugestaltung des Platzes verfolgte. (2 P)**

8 **Diskutieren Sie die erstaunliche Tatsache, dass diese Inschrift noch immer an dieser prominenten Stelle zu sehen ist. (3 P)**

9 **Finden Sie heraus, welches Stadtviertel Roms noch heute wesentlich durch Bauten aus der Zeit des Faschismus geprägt ist. (1 P)**

10 **Ausgangspunkt für unsere morgige Erkundungstour ist ein kaiserzeitliches, von den Aemiliern erbautes Handels- und Gerichtsgebäude auf dem Forum.**

Literaturhinweise

Epigraphik übergreifend

Almar, K. P.: Inscriptiones Latinae. Eine illustrierte Einführung in die lateinische Epigraphik. Odense 1990.

Bruun, C. (Hrsg.): The Oxford handbook of Roman epigraphy. Oxford u.a. 2015.

Cooley, A. E.: The Cambridge manual of Latin epigraphy. Cambridge u.a. 2012.

Eck, W.: Lateinische Epigraphik. In: Graf, F. (Hrsg.): Einleitung in die lateinische Philologie. Stuttgart/Leipzig 1997, 92–111.

Feraudi-Gruénais, F.: Latin on Stone. Epigraphic Research and Electronic Archives. Lanham u.a. 2010.

Lassère, J.-M.: Manuel d'épigraphie romaine 1–2. Paris 2005.

Schmidt, M. G.: Einführung in die lateinische Epigraphik. Darmstadt [3]2015.

Stadtrömische Inschriften

Bartels, K.: Roms sprechende Steine. Inschriften aus zwei Jahrtausenden. Darmstadt [5]2018.

Kolb, A./Fugmann, J.: Tod in Rom. Grabinschriften als Spiegel römischen Lebens. Mainz 2008.

Lansford, T.: The Latin inscriptions of Rome. A walking guide. Baltimore 2009.

Zugang zu den einzelnen Inschriftencorpora

EDCS = Epigraphische Datenbank Clauss/Kolb/Slaby/Woitas
https://db.edcs.eu/epigr/epi.php?s_sprache=de

Abbildungsverzeichnis

Station 1: Abb. 1: Fczarnowski (https://commons.wikimedia.org/wiki/File:Altare_della_Patria,_Roma_-_main_fc01.jpg), »Altare della Patria, Roma – main fc01«, https://creativecommons.org/licenses/by-sa/3.0/legalcode; Abb. 2: CIL-Archiv, CIL I² 834 = VI 1319 = ILS 862 = ILLRP 357 – KO0000295, Inventar-Nr. PH0009472, Photo: A. Faßbender (Sept. 2006); Infotafel Holzschild: © kalhh, Pixabay

Station 2: Abb. 3: Chabe01 (https://commons.wikimedia.org/wiki/File:Statue_Équestre_Marc_Aurèle_-_Rome_(IT62)_-_2021-08-27_-_6.jpg), https://creativecommons.org/licenses/by-sa/4.0/legalcode; Abb. 4: Chabe01 (https://commons.wikimedia.org/wiki/File:Statue_Équestre_Marc_Aurèle_-_Rome_(IT62)_-_2021-08-27_-_1.jpg), https://creativecommons.org/licenses/by-sa/4.0/legalcode; Abb. 5: Allie_Caulfield from Germany (https://commons.wikimedia.org/wiki/File:2006-12-17_12-22_Rom_605_Kapitolinische_Museen_(Palazzo_dei_Conservatori_-_Palazzo_Nuovo)_Reiterstatue_Marc_Aurel_(2700169965).jpg), »2006-12-17 12-22 Rom 605 Kapitolinische Museen (Palazzo dei Conservatori – Palazzo Nuovo) Reiterstatue Marc Aurel (2700169965)«, https://creativecommons.org/licenses/by/2.0/legalcode; Abb. 6: Barnos (https://commons.wikimedia.org/wiki/File:Sockelinschrift_links_auf_Reiterstatue_Marc_Aurel.jpg), https://creativecommons.org/licenses/by-sa/4.0/legalcode

Station 3: Abb. 7: Jenni Ahonen (https://commons.wikimedia.org/wiki/File:Capitoline_museum2.jpg), https://creativecommons.org/licenses/by-sa/4.0/legalcode; Abb. 8: CNG (https://commons.wikimedia.org/wiki/File:CLAUDIUS_-_RIC_I_33_-_831177.jpg), »CLAUDIUS – RIC I 33–831177«, https://creativecommons.org/licenses/by-sa/2.5/legalcode;

Station 4: Abb. 9: Karte erstellt mit Google Maps; Abb. 10: © EDR104062, 10/23/2010 (Simone Pastor). Link zur Lizenz: CC-by-SA 4.0; Abb. 11: Unknown artistUnknown artist (https://commons.wikimedia.org/wiki/File:Augustus_Bevilacqua_Glyptothek_Munich_317.jpg), »Augustus Bevilacqua Glyptothek Munich 317«, als gemeinfrei gekennzeichnet, Details auf Wikimedia Commons: https://commons.wikimedia.org/wiki/Template:PD-self; Abb. 12: Olaf Tausch (https://commons.wikimedia.org/wiki/File:Olbia_Nero_02.jpg), »Olbia Nero 02«, https://creativecommons.org/licenses/by/3.0/legalcode; Abb. 13: User:Steerpike (https://commons.wikimedia.org/wiki/File:Marcus_Aurelius_Metropolitan_Museum.png), »Marcus Aurelius Metropolitan Museum«, als gemeinfrei gekennzeichnet, Details auf Wikimedia Commons: https://commons.wikimedia.org/wiki/Template:PD-self; Abb. 14: New York: The Metropolitan Museum of Art. (https://commons.wikimedia.org/wiki/File:Marble_portrait_bust_of_the_emperor_Gaius.jpg), »Marble portrait bust of the emperor Gaius«, https://creativecommons.org/publicdomain/zero/1.0/legalcode

Station 5: Abb. 15: CIL-Archiv, CIL VI 14150 – KO0013182, Inventar-Nr. PH0004236

Station 6: Abb. 16: © EDR074204, 04/05/2015 (Antonella Ferraro). Link zur Lizenz: CC-by-SA 4.0

Station 7: Abb. 17: © EDR121471, 06/04/2012 (Giorgio Crimi). Link zur Lizenz: CC-by-SA 4.0

Station 8: Abb. 18: © EDR121484, 06/07/2012 (Giorgio Crimi). Link zur Lizenz: CC-by-SA 4.0

Station 9: Abb. 19: © EDR118138, 04/10/2012 (Giorgio Crimi). Link zur Lizenz: CC-by-SA 4.0; Abb. 20: Carole Raddato from FRANKFURT, Germany (https://commons.wikimedia.org/wiki/File:Statue_of_Silvanus,_god_of_woods_and_wild_fields,_1st_century_AD,_National_Archaeological_Museum_of_Spain,_Madrid_(15106078074).jpg), »Statue of Silvanus, god of woods and wild fields, 1st century AD, National Archaeological Museum of Spain, Madrid (15106078074)«, https://creativecommons.org/licenses/by-sa/2.0/legalcode

Station 10: Abb. 21: CIL-Archiv, CIL VI 886 = VI 40372 = ILS 180 – KO0003972, Inventar-Nr. PH0002833; Abb. 22: Karte erstellt mit Google Maps

Station 11: Abb. 23: Hans E C Johansson (https://commons.wikimedia.org/wiki/File:Forum_Romanum_panorama.jpg), »Forum Romanum panorama«, https://creativecommons.org/licenses/by-sa/3.0/legalcode; Abb. 24: © EDCS (Epigraphik-Datenbank Clauss/Slaby), mit freundlicher Genehmigung von Manfred Clauss

Station 12: Abb. 25: © EDR121262, 05/31/2012 (Giorgio Crimi). Link zur Lizenz: CC-by-SA 4.0

Station 13: Abb. 26: © Center for Epigraphical and Palaeographical Studies, The Ohio State University

Station 14: Abb. 27: © EDR149183, 09/05/2015 (Lucia Rainone). Link zur Lizenz: CC-by-SA 4.0

Station 15: Abb. 28: © Center for Epigraphical and Palaeographical Studies, The Ohio State University

Station 16: Abb. 29: No machine-readable author provided. Carlomorino assumed (based on copyright claims). (https://commons.wikimedia.org/wiki/File:Ponte_fabricio03.jpg), »Ponte fabricio03«, als gemeinfrei gekennzeichnet, Details auf Wikimedia Commons: https://commons.wikimedia.org/wiki/Template:PD-self; Abb. 30: F. und O. Harl, lupa.at (Bilddatenbank zu antiken Steindenkmälern)

Station 17: Abb. 31: Rabax63 (https://commons.wikimedia.org/wiki/File:CestiusPyramideSüdOst.jpg), https://creativecommons.org/licenses/by-sa/4.0/legalcode; Abb. 32: CIL-Archiv, CIL VI 1374 cf. VI 31639 et VI p. 3805 et VI p. 4688 = ILS 917 – KO0014064, Inventar-Nr. PH0008430, Photo: A. Faßbender (Aug. 2006)

Station 18: Abb. 33: Petersplatz: Livioandronico2013 (https://commons.wikimedia.org/wiki/File:Obelisk_of_St._Peter.jpg), https://creativecommons.org/licenses/by-sa/4.0/

legalcode; Abb. 34: Livioandronico2013 (https://commons.wikimedia.org/wiki/File:Inscription_on_the_Vatican_obelisk.jpg), https://creativecommons.org/licenses/by-sa/4.0/legalcode; Abb. 35: © Center for Epigraphical and Palaeographical Studies, The Ohio State University; Abb. 36: © Center for Epigraphical and Palaeographical Studies, The Ohio State University

Station 19: Abb. 37: Gesamtansicht: No machine-readable author provided. Joris assumed (based on copyright claims). (https://commons.wikimedia.org/wiki/File:P.Maggiore_Tomb.JPG), »P.Maggiore Tomb«, als gemeinfrei gekennzeichnet, Details auf Wikimedia Commons: https://commons.wikimedia.org/wiki/Template:PD-self; Abb. 38: Livioandronico2013 (https://commons.wikimedia.org/wiki/File:Tomb_of_Eurysaces_the_Baker_-_details.jpg), https://creativecommons.org/licenses/by-sa/4.0/legalcode; Abb. 39: © EDR104292, 05/21/2011 (Giorgio Crimi). Link zur Lizenz: CC-by-SA 4.0.; Abb. 40: © Anne Kolb / Joachim Fugmann; Abb. 41: Unknown artist (https://commons.wikimedia.org/wiki/File:Funeral_stele_Atistia_Terme.jpg), »Funeral stele Atistia Terme«, als gemeinfrei gekennzeichnet, Details auf Wikimedia Commons: https://commons.wikimedia.org/wiki/Template:PD-self

Station 20: Abb. 42: Lalupa (https://commons.wikimedia.org/wiki/File:M02_Q04_v_Salaria_mausoleo_Lucilio_Peto_1080599.JPG), »M02 Q04 v Salaria mausoleo Lucilio Peto 1080599«, https://creativecommons.org/licenses/by-sa/3.0/legalcode; Abb. 43: Reever (https://commons.wikimedia.org/wiki/File:Lucilio_peto_1_hq.jpg), »Lucilio peto 1 hq«, https://creativecommons.org/licenses/by-sa/3.0/legalcode

Station 21: Abb. 44: © Foto: Joachim Fugmann; Abb. 45: © EDCS (Epigraphik-Datenbank Clauss/Slaby), mit freundlicher Genehmigung von Manfred Clauss; Abb. 46: On Gender and Spatial Experience in Public: The Case of Ancient Rome – Scientific Figure on ResearchGate. Available from: https://www.researchgate.net/figure/Sketch-map-of-the-Forum-Romanum-c-60-BC_fig2_333751855 [accessed 9 Aug, 2023]

Station 22: Abb. 47: Rabax63 (https://commons.wikimedia.org/wiki/File:Pantheon_Rom_1_cropped.jpg), https://creativecommons.org/licenses/by-sa/4.0/legalcode; Abb. 48: Wknight94 talk (https://commons.wikimedia.org/wiki/File:Raphael's_grave,_Pantheon_2010.jpg), »Raphael's grave, Pantheon 2010«, https://creativecommons.org/licenses/by-sa/3.0/legalcode Icons: Kamel: Freepik.com; Hieroglyphen: icon-icons.com

Station 23: Abb. 49: Stefano Fiorani (https://commons.wikimedia.org/wiki/File:Porta_Maggiore.jpg), »Porta Maggiore«, https://creativecommons.org/licenses/by-sa/3.0/legalcode

Station 24: Abb. 50: GNU Free Documentation License, Version 1.2, November 2002, © 2000, 2001, 2002 Free Software Foundation, Inc.; Abb. 51: Diego Delso (https://commons.wikimedia.org/wiki/File:Arco_de_Constantino,_Roma,_Italia,_2022-09-15,_DD_43.jpg), https://creativecommons.org/licenses/by-sa/4.0/legalcode; Abb. 52: Livioandronico2013 (https://commons.wikimedia.org/wiki/File:Arch_of_Septimius_Severus_at_night.jpg), https://creativecommons.org/licenses/by-sa/4.0/legalcode; Abb. 53: Carole Raddato from FRANKFURT, Germany (https://commons.wikimedia.org/wiki/File:The_Arch_of_Titus,_

Upper_Via_Sacra,_new_inscriptions_added_after_it_was_restored_during_the_pontificate_of_Pope_Pius_VII_by_Giuseppe_Valadier_in_1821,_Rome_(8325216489).jpg), »The Arch of Titus, Upper Via Sacra, new inscriptions added after it was restored during the pontificate of Pope Pius VII by Giuseppe Valadier in 1821, Rome (8325216489)«, https://creativecommons.org/licenses/by-sa/2.0/legalcode; Abb. 54: Martin Bax (https://commons.wikimedia.org/wiki/File:Arch_of_Titus_(1).jpg), https://creativecommons.org/licenses/by-sa/4.0/legalcode; Abb. 55: Carole Raddato from FRANKFURT, Germany (https://commons.wikimedia.org/wiki/File:The_Arch_of_Titus,_Upper_Via_Sacra,_Rome_(31830787442).jpg), »The Arch of Titus, Upper Via Sacra, Rome (31830787442)«, https://creativecommons.org/licenses/by-sa/2.0/legalcode

Station 25: Abb. 56: No machine-readable author provided. Joris assumed (based on copyright claims). (https://commons.wikimedia.org/wiki/File:QS_Maximus_memorial_stone.JPG), »QS Maximus memorial stone«, als gemeinfrei gekennzeichnet, Details auf Wikimedia Commons: https://commons.wikimedia.org/wiki/Template:PD-self; Abb. 57: selbe Quelle wie Abb. 56, Ausschnitt vergrößert

Station 26: Abb. 58: Szilas (https://commons.wikimedia.org/wiki/File:Traijan's_Column_2013-2.jpg), »Traijan's Column 2013–2«, als gemeinfrei gekennzeichnet, Details auf Wikimedia Commons: https://commons.wikimedia.org/wiki/Template:PD-self; Abb. 59: Kaiser Trajan (98–117) (https://de.wikipedia.org/wiki/File:Inschrift_der_Trajanssäule.jpg), »Inschrift der Trajanssäule«; Abb. 60: Roland Arhelger (https://commons.wikimedia.org/wiki/File:TITANIC-Attrappe_des_Titanic-Museums_in_Branson_Missouri_USA.jpg), https://creativecommons.org/licenses/by-sa/4.0/legalcode

Station 27: Abb. 61: © Martin Langner, mit freundlicher Genehmigung des Urhebers; Abb. 62: © EDCS (Epigraphik-Datenbank Clauss/Slaby), mit freundlicher Genehmigung von Manfred Clauss; Abb. 63: © Martin Langner, mit freundlicher Genehmigung des Urhebers; Abb. 64: akg-images / De Agostini Picture Lib. / G. Dagli Orti; Abb 65: © Martin Langner, mit freundlicher Genehmigung des Urhebers

Station 28: Abb. 66: CIL-Archiv, CIL VI 3864 a = VI 31883 = ILS 9354 – KO0001057, Inventar-Nr. PH0003172; Abb. 67: CIL-Archiv, CIL VI 10040 – KO0001063, Inventar-Nr. PH0004305

Station 29: Abb. 68: Peter1936F (https://commons.wikimedia.org/wiki/File:Elefante_Inschriften_(1).JPG), https://creativecommons.org/licenses/by-sa/4.0/legalcode; Abb. 69: Peter1936F (https://commons.wikimedia.org/wiki/File:Elefante_Inschriften_(2).JPG), https://creativecommons.org/licenses/by-sa/4.0/legalcode; Abb. 70: SteO153 (https://commons.wikimedia.org/wiki/File:Elephant_and_Obelisk_by_Bernini.jpg), »Elephant and Obelisk by Bernini«, https://creativecommons.org/licenses/by-sa/3.0/legalcode; Abb. 71: Karte des Marsfeldes von C. Häuber und F.X. Schütz (2017), verändert (online: https://FORTVNA-research.org/Karte-Marsfeld). Abdruck mit freundlicher Genehmigung der Autoren

Station 30: Abb. 72: MumblerJamie (https://commons.wikimedia.org/wiki/File:Photographs_of_the_Mausoleum_of_Augustus_14_(cropped).jpg), »Photographs of the Mausoleum of Augustus 14 (cropped)«, https://creativecommons.org/licenses/by-sa/2.0/legalcode; Abb. 73: © G. dallorto, 29.03.2008, gemeinfreie Nutzung. Abb. 74: MumblerJamie (https://commons.wikimedia.org/wiki/File:Photographs_of_the_Mausoleum_of_Augustus_03.jpg), »Photographs of the Mausoleum of Augustus 03«, https://creativecommons.org/licenses/by-sa/2.0/legalcode

Mediencode für den Lösungsteil inkl. Glossar:
Passwort: HFmnddMCmw88